Gabriele Meyer

Spuren lesen im Ego-Tunnel

Autobiographisches Schreiben
im 21. Jahrhundert

Diplomica Verlag GmbH

Meyer, Gabriele: Spuren lesen im Ego-Tunnel: Autobiographisches Schreiben im 21. Jahrhundert. Hamburg, Diplomica Verlag GmbH 2013

Buch-ISBN: 978-3-8428-9684-0
PDF-eBook-ISBN: 978-3-8428-4684-5
Druck/Herstellung: Diplomica® Verlag GmbH, Hamburg, 2013

Bibliografische Information der Deutschen Nationalbibliothek:
Die Deutsche Nationalbibliothek verzeichnet diese Publikation in der Deutschen Nationalbibliografie; detaillierte bibliografische Daten sind im Internet über http://dnb.d-nb.de abrufbar.

Das Werk einschließlich aller seiner Teile ist urheberrechtlich geschützt. Jede Verwertung außerhalb der Grenzen des Urheberrechtsgesetzes ist ohne Zustimmung des Verlages unzulässig und strafbar. Dies gilt insbesondere für Vervielfältigungen, Übersetzungen, Mikroverfilmungen und die Einspeicherung und Bearbeitung in elektronischen Systemen.

Die Wiedergabe von Gebrauchsnamen, Handelsnamen, Warenbezeichnungen usw. in diesem Werk berechtigt auch ohne besondere Kennzeichnung nicht zu der Annahme, dass solche Namen im Sinne der Warenzeichen- und Markenschutz-Gesetzgebung als frei zu betrachten wären und daher von jedermann benutzt werden dürften.

Die Informationen in diesem Werk wurden mit Sorgfalt erarbeitet. Dennoch können Fehler nicht vollständig ausgeschlossen werden und die Diplomica Verlag GmbH, die Autoren oder Übersetzer übernehmen keine juristische Verantwortung oder irgendeine Haftung für evtl. verbliebene fehlerhafte Angaben und deren Folgen.

Alle Rechte vorbehalten

© Diplomica Verlag GmbH
Hermannstal 119k, 22119 Hamburg
http://www.diplomica-verlag.de, Hamburg 2013
Printed in Germany

Inhaltsverzeichnis

1 **Einleitung** 1
2 **Autobiographisches Schreiben – ein Begriff im Spannungsfeld** 3
   2.1 Die Formebene – Gattungstheorien und Geschichte 5
      2.1.1 Gattungsmarker – normierende Merkmale im Kontext der Zeit 7
      2.1.2 Die historische Entwicklung der Autobiographie und die gewandelten Ansichten 8
      2.1.3 Die Dekonstruktion des Zeichens und die Spuren im Text 10
      2.1.4 Entlastung und Erlaubnis 11
   2.2 Die Prozessebene – Schreiben und Handeln 14
      2.2.1 Schreiben – ein variables Vermögen 14
      2.2.2 Die nach innen und außen gerichtete Kommunikationshandlung ... 15
      2.2.3 Die Gedächtnishandlung – prägend für das individuelle und kollektive Gedächtnis 17
      2.2.4 Das autobiographische Erinnern 20
      2.2.5 Freiheit im autobiographischen Schreiben 23
   2.3 Die Wirkungsebene – Wurzeln und Flügel spüren 25
      2.3.1 Funktionen aus literaturwissenschaftlicher Sicht 25
      2.3.2 Die Metapher – eine Brücke zwischen den Wissenschaften 26
      2.3.3 Spüren – ein aufmerksames Orientieren an Vorübergegangenem ... 27
      2.3.4 Der Raum zwischen Wurzeln und Flügeln 29

3 **Das Angebot des autobiographischen Schreibens** 32
   3.1 Schreiben 32
      3.1.1 Originäre Funktionen des Schreibens 33
      3.1.2 Funktionen in Folge des medialen Wandels 34
   3.2 Besonderheiten des autobiographischen Schreibens 35
      3.2.1 Erinnern und Gestalten 36
      3.2.2 Aufmerksamkeitshandeln 37

4 **Autobiographisches Schreiben – ein (nach-)gefragtes Vermögen** 39
   4.1 Die persönliche Nachfrage 39
      4.1.1 Das phänomenale Selbst und seine Einzigartigkeit 40
      4.1.2 Orientieren mit der distanzeröffnenden Wirkung des Schreibens ... 41
      4.1.3 Stabilisieren mit der epistemischen Schreibfunktion 43
      4.1.4 Exkurs: Mein autobiographisches Schreiben 44
   4.2 Die gesellschaftliche Nachfrage 45
      4.2.1 Moderne Wissensgesellschaft 45
      4.2.2 Schlüsselkompetenzen – reflexives Denken und Handeln 47
      4.2.3 Nachhaltigkeit 50

		4.2.4 Spurenlesen und die neue Generation erwarten 51
		4.2.5 Erfahrung 52
		4.2.6 Überlieferung und das Recht am Text mitzuschreiben 53
		4.2.7 Erfahrungen und Lebenswissen 54

5 Neue Tendenzen des autobiographischen Schreibens 56

    5.1 Journalschreiben – autobiographisches Schreiben dicht am Leben 56

    5.2 Schreibgruppe – autobiographisches Schreiben im Dialog 58

6 Fazit und Schlussbetrachtungen 60

Literaturverzeichnis 65

1 Einleitung

In zunehmendem Maße boomt das Schreiben und die Veröffentlichung von Lebenserinnerungen nicht nur von berühmten, sondern auch von ganz „normalen" Leuten (Ihring 2012). Das Bedürfnis autobiographisch zu schreiben steigt, wie auch das Interesse der Leserschaft nach solchen Selbstzeugnissen. Warum ist das so und was sagt diese Erscheinung aus?

Vor Ihnen liegt ein Buch, das sich mit der Frage nach den Gründen für die stetige Zunahme des autobiographischen Schreibens beschäftigt. Gewiss greifen hier monokausale Antwortversuche zu kurz. Im Folgenden untersuche ich deshalb das Wachstum-Phänomen mit einer gedanklichen Offenheit, die unterschiedlichen wissenschaftlichen Ansätzen nachgeht. Den Ausgangspunkt der Betrachtungen bilden die Funktionen dieser besonderen Art des Schreibens.

Was „gibt" autobiographisches Schreiben dem Schreibenden und dem Leser? Welche Möglichkeiten bietet es dem Einzelnen und der Gesellschaft im 21. Jahrhundert? Welche Nachfragen kann es befriedigen?

Nun ist das Feld des autobiographischen Schreibens ein komplexes und berührt die Interessen mehrerer Geisteswissenschaften, insbesondere die der Literatur- und Geschichtswissenschaften sowie der Soziologie. In allen Bereichen finden intensive Diskurse über den Gattungsbegriff Autobiographie und deren „Verflüssigung", das autobiographische Schreiben (Heinze & Schlegelmilch 2010: 167) statt. Eckpunkte dieser Auseinandersetzungen sind die Identität des Schreibers und seines Schreibobjekts, die Differenz zwischen Faktizität und Fiktion sowie das Problem der Erinnerung (Breuer & Sandberg 2006: 11-12).

Es sind unentschiedene Diskussionen, die deutlich die Grenzen zwischen den wissenschaftlichen Disziplinen sichtbar machen (Schabacher 2007: 17). Dennoch gibt es gerade wegen der Komplexität des Genres ein Interesse, interdisziplinär zu denken.[1]

In diesem Sinne wird auch für die Bearbeitung der thematischen Fragestellung, die Suche nach den Möglichkeiten, die sich aus den Funktionen der schriftlichen Selbstdarstellung ergeben, ein interdisziplinärer Ansatz gewählt. Ausgewählte literatur- und kulturwissenschaftli-

---

[1] Eindrücklich dokumentiert das die am 25. und 26. Juni 2010 in Lüdenscheid ausgerichtete Tagung zum Thema „Autobiographie und Zeitgeschichte".

cher Aspekte des autobiographischen Schreibens werden mit philosophischen Fragestellungen und neurowissenschaftlichen Erkenntnissen verbunden.

Das Buch beginnt mit einer Darstellung des hier verwandten Begriffs des autobiographischen Schreibens. Die Auswahl des Begriffsverständnisses erfolgt mit Blick auf die Fragestellung nach der Funktionalität dieser Art des Schreibens. Die ausgewählte Definition ordnet und rahmt autobiographisches Schreiben in ein Spannungsfeld einer Form-, Prozess- und Wirkungsebene. In der Formebene finden sich die verschiedenen literarischen Gattungsmodelle. Eine überblicksartige Vorstellung macht deutlich, dass jede Zeit eine bestimmte Perspektive auf das autobiographische Schreiben und damit verbundene Erwartungshaltungen hat. Aber nicht nur auf der Formebene vollzieht sich ein grundlegender Wandel des autobiographischen Schreibens. Auch auf der Prozessebene, die den autobiographischen Schreibprozess umfasst, hat sich in den letzten Jahrhunderten viel verändert. Sowohl der Schreibprozess als auch die spezielle Form, die Darstellung des Selbst, unterliegen einem ständigen Wandel. Trotz aller Dynamik sind dem autobiographischen Schreiben bestimmte Funktionen immanent, die beständig Wirkung entfalten. Auf der Wirkungsebene stellt sich das autobiographische Schreiben als kommunikative Handlung dar und präsentiert sich und seine Möglichkeiten für den Schreibenden und für die Gesellschaft. Steht diesem Angebot eine Nachfrage gegenüber? Der einzelne Mensch ist in seinem Dasein mit den philosophischen Fragestellungen „Wer bin ich?" (Haas 1971: 1 ff.) und „Wie will ich leben?" verbunden. Unsere Gesellschaft als Wissensgesellschaft ist mit der Aufgabe „ÜberLebenswissen" (Ette 2004: 12 ff.) zu generieren beauftragt. Somit sehen sich sowohl der Einzelne als auch die Gesellschaft existenziellen Anforderungen gegenüber. Kann autobiographisches Schreiben behilflich sein, sich diesen Forderungen zu stellen?

Die Funktionen des autobiographischen Schreibens bzw. damit einhergehende Möglichkeiten brauchen literarische Formen, in denen sie sich entfalten können. Abschließend wird untersucht, ob das Journalschreiben und autobiographisches Schreiben in Gruppen in diesem Sinne brauchbare Formen sind.

Ziel meiner Überlegungen ist es, über die Darstellung der Funktionen des autobiographischen Schreibens und den damit verbundenen Angeboten an den Einzelnen und die Gesellschaft eine mögliche Zukunft und Formen der schriftlichen Selbstdarstellung zu erörtern.

Ich verzichte aus Gründen der leichteren Lesbarkeit auf eine geschlechtsspezifische Differenzierung. Je nach Bezug habe ich die männliche oder weibliche Form gewählt, diese schließt stets die jeweils andere ein.

2 Autobiographisches Schreiben – ein Begriff im Spannungsfeld

Jegliche Beschäftigung mit dem Thema autobiographisches Schreiben erfordert eine Begriffsklärung. Notwendig ist diese begriffliche Abgrenzung aufgrund der aus der geschichts- und literaturwissenschaftlichen sowie aus der soziologischen Perspektive heraus bestehenden Fülle von Verwendungen und Inhaltsausfüllungen des Begriffs. Ich werde dabei in zwei Schritten vorgehen. Zunächst betrachte ich aus dem literaturwissenschaftlichen Kontext den Begriff Autobiographie und leite danach auf den Begriff des autobiographischen Schreibens über.

Seit dem 18. Jahrhundert wurden in der Literaturwissenschaft verschiedene gattungstheoretische Ansätze der Autobiographie mit unterschiedlicher Spannbreite entwickelt. Georg Misch formuliert 1907 schlicht aus der reinen Wortbedeutung, dass die Autobiographie „die Beschreibung (graphia) des Lebens (bios) eines Einzelnen durch diesen selbst (auto)" (Misch 1989: 38) ist. Phillippe Lejeune hingegen definiert 1974 detailliert die Autobiographie als „rückblickende Prosaerzählung einer tatsächlichen Person über ihre eigene Existenz, wenn sie den Nachdruck auf ihr persönliches Leben und insbesondere auf die Geschichte ihrer Persönlichkeit legt." (Lejeune 1994: 14). Auch wenn gattungstypologische Definitionen immer im Kontext ihrer Zeit betrachtet werden müssen (Schabacher 2007: 112), sind es nicht nur die zeitlichen Abstände, die die Literaturtheoretiker Unterschiedliches formulieren lassen. Nach meiner Ansicht ist die Vielfalt der begrifflichen Definitionen für die Autobiographie darin begründet, dass jeweils verschiedene Ebenen berührt werden: formale, inhaltliche und prozessuale.

Diesen Gedanken, dass eine Begriffsdefinition mehrere Ebenen umfassen kann, übertrage ich von der Autobiographie auf den Begriff des autobiographischen Schreibens. Auch beim autobiographischen Schreiben gibt es verschiedene theoretische Ansätze, die mit ihren Überschneidungen und Mischformen ihre Berechtigung im jeweiligen Kontext haben (Waldmann 2000: 5). Mein Kontext bei der thematischen Betrachtung ist ein funktionaler. Im Mittelpunkt meines Interesses stehen die Wirkungen. „Wurzeln und Flügel spüren" – das sind Wirkungen, die sich aus der Form bzw. im Prozess des autobiographischen Schreibens ergeben. Nachfolgend stelle ich zwei Definitionen vor, die das Feld aufspannen, in dem sich der in diesem Buch verwendete Begriff vom autobiographischen Schreiben bewegen wird.

> „Der Begriff des autobiographischen Schreibens lässt sich [...] durch drei Merkmale charakterisieren: Erstens umfasst er nicht nur Autobiographien, sondern auch Briefe, Tagebücher, Reiseberichte, Gedichte, Dramen und Romane. Zweitens setzt er eine feste Grenze zwischen Fiktion und Realität oder zwischen Literatur und Nicht-Literatur nicht länger voraus, sondern rechnet ausdrücklich mit Grenzüberschreitungen. Und drittens geht er nicht länger von festen Identitäten aus, sondern allenfalls von identitätskonstituierenden Leistungen des Schreibens und Lesens" (Breuer & Sandberg 2006: 10).

Die Definition von Breuer und Sandberg zielt mit den erstgenannten Merkmalen insbesondere auf die formale und inhaltliche Dimension des Begriffs. Das dritte Merkmal, die identitätskonstituierende Leistung, beschreibt den Prozesscharakter des Schreibens.

Die zweite Definition enthält sich jeglicher formaler Festlegung. Die Historikerin Renate Dürr (2007) begreift das autobiographische Schreiben als einen dialogisch strukturierten kommunikativen Akt. Ein Akt, der sich aus der Perspektive der Schreibgegenwart nach innen und in die Vergangenheit richtet, aber auch verstanden werden muss als eine „nach außen getragene Kommunikation mit Blick auf einen möglichen Rezipienten Kreis" (ebd.: 21). Der Fokus dieser Begriffsbestimmung liegt auf der Wirkungsebene des autobiographischen Schreibens. In der folgenden Betrachtung werde ich die genannten literatur- und geschichtswissenschaftlichen Definitionsaspekte miteinander verknüpfen und die existierenden Begrifflichkeiten in ein Spannungsfeld mit verschiedenen Ebenen ordnen. Ich habe eine Grafik erstellt, die das autobiographische Schreiben einer Form-, einer Prozess- und einer Wirkungsebene zuordnet. Diese Darstellung wurde gewählt um einerseits Abgrenzungen sichtbar zu machen, aber auch

Beziehungen zu verdeutlichen, aus denen sich die Funktionen, die Angebote des autobiographischen Schreibens ergeben.

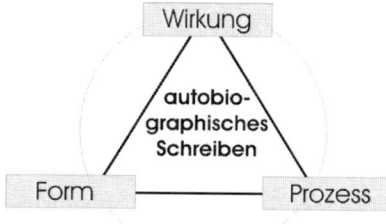

Abbildung 1: Definitionen des autobiographischen Schreibens im Form-Prozess-Wirkungs-Spannungsfeld

Die Ebenen des Spannungsfeldes werde ich nachfolgend einzeln betrachten. Die Betrachtung erfordert für jede Ebene eine ausgewählte Perspektive. Diese wiederum bestimmt, womit sich der Begriff autobiographisches Schreiben ausfüllt.

2.1 Die Formebene – Gattungstheorien und Geschichte

Mit welchen Inhalten die Definition des autobiographischen Schreibens auf der Formebene versehen ist, ist an die jeweils gewählte wissenschaftliche Perspektive gebunden. Autobiographisches Schreiben als literarisches Schreiben (Waldmann 2000: 5) soll hier von den ordnenden Begrifflichkeiten der Literaturwissenschaft gerahmt werden. Innerhalb dieser Rahmung wird autobiographisches Schreiben anhand von Literaturbegriffen bzw. Konzepten und Theorien betrachtet. Ausgangspunkt ist der literaturwissenschaftliche Gattungsbegriff. Ist es möglich autobiographisches Schreiben einer Gattung zuzuordnen und wenn ja, was würde das bedeuten? Um diese Fragen zu beantworten ist es erforderlich, einige Überlegungen zur Theorie der Gattung und den literaturwissenschaftlichen Auseinandersetzungen zur Gattung Autobiographie voranzustellen.

Wissenschaftliche Konzepte und Theorien basieren auf bestimmten Vorannahmen (V. Nünning & A. Nünning 2010: 2 ff.). Ebenso verhält es sich mit literarischen Gattungskonzepten bezüglich der Form und des Inhalts (Kessler 2005: 30). Zwei Gattungskonzepte stehen nach Wilhelm Voßkamp (1992: 253) für die Einteilung literarischer Werke zur Verfügung. Zum einen die normativen, an der herkömmlichen Gattungstrias Epik, Lyrik, Drama orientierten Konzepte und zum anderen die nicht-normativen Gattungskonzepte. Die nichtnormativen Konzepte haben eine struktur-, sozial- und funktionsgeschichtliche Ausrichtung (Voßkamp: 253). Was heißt das? Die nichtnormativen Konzepte stehen im Kontext der Geschichte. Das bedeutet, dass diese Gattungen als Antworten auf spezifische gesellschaftliche Bedürfnisse zu verstehen sind. Voßkamp prägte für diese Ausrichtung der Gattungskonzepte die Formulierung „literarisch-soziale Institution" (1977: 29). Die literarischen Gattungen als literarisch-soziale Konsenzbildungen besitzen keine starre, unveränderliche Form, sondern sie unterliegen den gesellschaftlichen Entwicklungen. Die vorangestellten Grundlagenreflexionen zeigen den Gattungsbegriff zunächst als dynamische Größe. Dennoch ist in ihm auch eine normative Komponente enthalten (Schabacher 2007: 158). Der französischen Philosoph Derrida (1994: 248) sagt: „Sobald man das Wort ‚Gattung' vernimmt, sobald es erscheint, sobald man versucht es zu denken, zeichnet sich eine Grenze ab." Mit der Gattung wird eine Grenze gezogen, eine Norm gesetzt, die nicht überschritten werden darf. Hier zeigen sich die Gattungskonzepte als zentrale Ordnungskonzepte und werden „für das Funktionieren von Wissenschaft notwendige Differenzierungsraster, deren Anwendung zur Strukturierung eines (Problem-)Feldes unerlässlich ist" (Schabacher 2007: 157). Diese beiden enthaltenen Dimensionen, die Grenzziehung und die im Zuge der gesellschaftlichen Entwicklung zwangsläufige Grenzverletzung, sind für den Gattungsbegriff konstitutiv und bilden das ihm eigene Prinzip (ebd.: 159). Aus diesem Verständnis von Gattung resultieren bestimmte Funktionen. Das bedeutet, dass mit der Zuordnung eines Textes zu einer Gattung sich wiederum Erwartungen verbinden. Der Schreibende erwartet genau wie der Leser Bestimmtes. Ob diese Erwartungen erfüllt werden oder gerade nicht, steht im Kontext der gesellschaftlichen Veränderungen.

Im Folgenden will ich zunächst auf die normierenden Merkmale der Gattung Autobiographie und ihre mögliche Anwendung auf autobiographische Texte eingehen und daran anschließend einen kurzen Überblick über die Gattungskonzepte der Autobiographie und ihre Verortung in geschichtlichen Kontexten geben.

2.1.1 Gattungsmarker – normierende Merkmale im Kontext der Zeit

Was sind es für normierende Merkmale, die das vermeintlich „traditionelle Modell" der Autobiographie konturieren (ebd.: 134)? Was sind das für „Aspekte, die aufgerufen werden (müssen), um einen Text gattungskonform verankern zu können" (ebd.: 351)? Natürlicherweise ist der auch andere autobiographische Formen umfassende Begriff des autobiographischen Schreibens nicht einfach mit der Gattung Autobiographie gleichzusetzen. Um mich dennoch an den Begriff Gattung anzunähern, grenze ich nicht „entlang verschiedener Gattungsachsen" (ebd.: 142) bezüglich Briefe, Tagebücher, Reiseberichte usw. ab, sondern setze auf die Gemeinsamkeiten autobiographischer Texte. Aus den vorhandenen Gemeinsamkeiten leitet sich dann die Zurechenbarkeit zur Gattung ab. „Der Text ist autobiographisch, insofern er die Kategorien der Aufrichtigkeit, Wahrheit, Ganzheit, Vollständigkeit, Identität, Selbstreflexion, Herkunft, Kindheit, Entwicklung, Bildung, Vergangenheit etc. aufruft, ohne ein einziges von ihnen im ‚ontologischen' Sinne zu erfüllen." (ebd.: 352).

Gabriele Schabacher fordert mit dieser Aussage einerseits vom Text bestimmte Kategorien, aber lässt andererseits die Möglichkeit offen, die damit verbundenen Erwartungen zu erfüllen oder ihnen nicht zu entsprechen. Um den Text einer Gattung zurechnen zu können, ist es ausreichend, die vorstehend angegebenen Kriterien im Geschriebenen wiedererkennbar aufrufen zu können, ohne dass sie erfüllt sein müssen. Diese Gattungskonstruktion ist die Grundlage um autobiographisches Schreiben an den Gattungsmarkern der Autobiographie teilhaben zu lassen und damit die der Gattung immanenten Funktionen nutzen zu können. Welche das sind, zeige ich im Laufe der nachfolgenden Kapitel. Hier ist zunächst festzuhalten, dass mit dem autobiographischen Schreiben Erwartungen des Schreibers und des Lesers verbunden sind, die Wirkungen entfalten.

Die normative Komponente (Schabacher 2007: 158) des ordnenden Gattungsbegriffs ist mit dem in der jeweiligen Zeit vorherrschenden Welt- und Menschenbild eng verbunden. (Waldmann 2000: 8). Das Verständnis von der Welt und dem Menschen normiert das autobiographische Schreiben, aber was heißt das konkret? Zur Beantwortung dieser Frage gebe ich im Folgenden einen kurzen Überblick über die historische Entwicklung der Gattung Autobiographie. Dieser Abriss soll insbesondere auf die hermeneutischen und poststrukturalistischen Gattungsansätze hinweisen und den damit verbundenen umfassenden und tiefgreifenden Wandel in den Ansichten über autobiographisches Schreiben zeigen. Ein Wandel, der nicht nur Ansichtssache ist, sondern Erwartungshaltungen des Schreibendenden und der Leser korrigiert bzw. neu bildet.

2.1.2 Die historische Entwicklung der Autobiographie und die gewandelten Ansichten

Die Praxis des autobiographischen Schreibens hat eine lange Tradition (Fink 1999: 23). Schon seit dem 14. und 15. Jahrhundert gab es insbesondere „unter dem Gesichtspunkt der Nützlichkeit und der Vorbildlichkeit" (Wagner-Egelhaaf 2005: 18) ein Interesse an der Autobiographie. Im 19. Jahrhundert, als sich die Geisteswissenschaften neben den Naturwissenschaften zu profilieren begannen, setzte das wissenschaftliche Interesse an der schriftlichen Selbstdarstellung ein. In Anlehnung an Günter Niggl (1998) und seinen Ausführungen in der Einleitung zu seinem Buch *„Die Autobiographie. Zu Form und Geschichte einer literarischen Gattung"* stelle ich nachfolgend vier Zeitabschnitte vor, in denen jeweils ein sich neu formierendes Interesse an der Autobiographie auszumachen ist.

Zu Beginn des 20. Jahrhunderts schreibt Georg Misch in seinem vierbändigen Werk *Geschichte der Autobiographie*, dass die Autobiographie als „Darstellung der Geistesverfassung der Zeiten" (1907: 15) zu verstehen ist. Die Autobiographie wird hier zu einem geistes- und sozialgeschichtlichen Dokument. Den gedanklichen Hintergrund bildet die moderne Lebensphilosophie um 1900. Ein wichtiger Vertreter dieser Philosophie, Wilhelm Dilthey, bringt die schriftliche Darstellung des menschlichen Subjekts „in einen systematischen Zusammenhang mit der hermeneutischen Verstehensproblematik." (Wagner-Egelhaaf 2000: 20). In der Literaturwissenschaft spricht man vom hermeneutischen Autobiographieverständnis, aber was ist das genau?

Es ist „bestimmt von der Tätigkeit des Verstehens" (Wagner-Egelhaaf 2000: 190). Verstanden werden sollen Zusammenhänge, die sich aus der Beziehung des Schreibenden bzw. seines Ichs und die ihn umgebenden gesellschaftlichen Verhältnisse ergeben. Es ist eine wechselseitige Beziehung. Sowohl das Ich als auch die Verhältnisse beeinflussen sich, ja stellen sich her. Wagner-Egelhaaf (2010: 90) spricht von einem „integrativen Akt". Mit dem autobiographischen Schreiben geht die Vorstellung einher, zu verstehen, wie man durch die gesellschaftlichen Verhältnisse wurde, was man ist. Es wird ein Lebenszusammenhang unterstellt, den es zu finden gilt. Schreibend versucht der Mensch Ursache und Wirkung und ihr Wechselspiel zu erkennen (Wagner-Egelhaaf 2000: 190). Mit dem autobiographischen Schreiben möchte er seine daraus resultierende Einheit mit der Welt abbilden. Die Erkenntnisfunktion gilt in dieser Zeit als eine wesentliche Funktion des autobiographischen Schreibens (Misch 1907: 6 f.).

In den fünfziger Jahren verschiebt sich das Interesse (Niggl 1998: 4). Ein größeres Augenmerk wird auf die theoretischen Aspekte bzw. auf die ästhetische Funktion des autobiographischen Schreibens gelegt (Schabacher 2007: 112). Wer als ‚Begründer' der Autobiographie-Theorie gelten darf, ob Wayne Shumaker, George Gusdorf oder Roy Pascal, bleibt strittig (ebd.: 115). Die Vorgenannten formulieren unterschiedliche theoretische Schwerpunkte, aber alle stellen den einheitsstiftenden künstlerischen Aspekt in den Vordergrund (ebd.: 116). Pascal (1959) setzt in seinem Werk *Autobiographie als Kunstform* mit der Aufwertung des literarisch-künstlerischen Aspekts gegenüber den historisch verwertbaren Fakten die Wahrheit des „von innen gesehenen Lebens" (Pascal 1959: 227) über die Wahrheit der historischen Tatsachen.

In den siebziger Jahren setzt ein theoretisches Interesse an der Gattung Autobiographie an sich ein (Schabacher 2010: 118). Es stellen sich Fragen nach formalisierbaren Kriterien der Gattung.

Das Bemühen der Grenzbestimmungen für den Gattungsbegriff wurde in den achtziger und neunziger Jahren von einer grundsätzlichen Kritik bis hin zur Ablehnung dieses literarischen Ordnungsprinzips abgelöst. Der Literaturwissenschaftler Michael Sprinker (1980) verkündete mit seiner Veröffentlichung "Fictions of The Self. The End of Autobiography" angesichts des Abhandenkommens der bis dahin als gültig angenommenen Gattungsmerkmale sogar das „Ende der Autobiographie". Diese Entwicklung steht im Zusammenhang mit dem Einfluss von Poststrukturalismus und Dekonstruktion (Schabacher 2007: 123). Der Fokus dieser geisteswissenschaftlichen Ansätze war auf die Textualität der Autobiographie gerichtet. Das heißt, die Schrift und der Begriff des Zeichens wurden zum Problem. Die vormals starre Struktur-Beziehung von ›signifiant‹ und ›signifié‹ wurde aufgehoben. Die Zeichen beziehen sich nicht auf Dinge oder Sachverhalte, sondern stehen in einem permanenten, beliebigen Wechselverhältnis zu anderen Zeichen. Derrida spricht von der „Destruktion des Begriffs ‚Zeichen' und seiner ganzen Logik" (Derrida 1974: 18). Das hatte folgenreiche „Konsequenzen für die autobiographisch bedeutsamen Konzepte wie Selbst, Subjekt oder Identität"

(Schabacher 2007: 123). Um diesen gravierenden Umbruch besser verständlich zu machen, erläutere ich kurz die veränderte Sicht auf die Schrift und die Zeichen.

2.1.3 Die Dekonstruktion des Zeichens und die Spuren im Text

Ausgangspunkt dieser Diskurse war die sprachwissenschaftliche Zeichentheorie Saussures, die vom Poststrukturalismus weiterentwickelt bzw. neu verstanden wurde. Hier bildet sich das Zeichen aus der Triade Signifikat (Vorstellung, Bezeichnetes), Signifikant (Lautbild, Bezeichnendes) und Referent (Ding, Objekt). Im Gegensatz zum Verständnis des Strukturalismus, der vorgab, dass die Signifikate und die Signifikanten eine abgegrenzte Struktur haben und zuordenbar sind, verschwimmen diese Zuordnungen aus poststrukturalistischer Sicht in einem grenzenlosen Spiel von Beginn an (Derrida 1974: 17). Das einzelne Element ist nicht definierbar. Es gibt nicht das Eigentliche oder Ursprüngliche. Jeder neue Kontext, in dem es gelesen wird, kann ihm eine andere Bedeutung geben. Diese Betrachtung der Schrift dekonstruierte nicht nur die Idee des Zeichens (ebd. 1974: 128), sondern auch „die hermeneutischen Thesen vom Text als verschrifteter Form der Erinnerung", das „Verstehen als Fundament der Interpretation" und den „Vorrang des Subjekts gegenüber dem Text" (Bossinade 2000: 53).

Mit dem Gedankenkonzept des Jaques Derrida gab es keinen Autor oder Autobiographen mehr, denn diese hatten nicht mehr die Verfügungsgewalt über ihren Text. Nach seiner Ansicht bezieht sich jeder Text lediglich wiederum auf andere Texte und die darin vorgängigen Zeichenspuren.

> „Kein Element kann je die Funktion eines Zeichens haben, ohne auf ein anderes Element, das selbst nicht einfach präsent ist, zu verweisen, sei es auf dem Gebiet der gesprochenen oder der geschriebenen Sprache. Aus dieser Verkettung folgt, dass sich jedes ‚Element' – Phonem oder Graphem – aufgrund der in ihm vorhandenen Spur der anderen Elemente der Kette oder des Systems konstituiert. Diese Verkettung, dieses Gewebe ist der Text, welcher nur aus der Transformation eines anderen Textes hervorgeht [...] Es gibt durch und durch nur Differenzen und Spuren von Spuren" (Derrida 2005: 66).

Diese Ansicht hatte Konsequenzen. Da die Vertreter der Dekonstruktion als poststrukturalistische Literaturtheorie postulieren: kein Autor, keine Wahrheit und kein Ich, gibt es alle bisherigen Merkmale des autobiographischen Schreibens, die an das Autobiographie-Verständnis des 18. Jahrhunderts gebunden waren, nicht mehr. Wäre es nicht die logische Folge, sich damit auch vom Gattungsbegriff zu verabschieden?

Der Gattungsbegriff funktioniert. Schabacher (2007: 353) weist darauf hin, dass es immer noch den Autor, die Wahrheit und das Ich gibt, auch wenn diese „negierend" zitiert werden bzw. in veränderter Gestalt als „neue Idee eines fragmentarischen Ichs" erscheinen. Die Kritik und die postulierte Unmöglichkeit der Gattung Autobiographie (ebd.: 154) stand im Zusammenhang mit der Hinwendung zu den autobiographischen Texten des 20. Jahrhunderts (ebd.: 126). In diesen Darstellungen wurden bevorzugt Konzepte der Fragmentarisierung und Fiktionalisierung angewandt (ebd.: 127). Mit diesen Konzepten schien eine Form gefunden zu sein, die krisenhafte Ich-Identität und die fragmentarisch erlebte Welt adäquat zu spiegeln. Sie können als ein Gegenentwurf zum dekonstruktiven Ansatz verstanden werden (Niggl 1998: 596 f.), der wiederum zeigt, dass autobiographisches Schreiben lebt. Aber welche Konsequenzen hat es dann?

2.1.4 Entlastung und Erlaubnis

Der autobiographisch Schreibende ist entlastet. Die Konstruktion des Selbst, die Zuschreibung einer Sinnhaftigkeit und Einheit des Lebens – all das darf aus dekonstruierender Perspektive entfallen. Die Sichtweise, dass die Schriftzeichen niemals mit ihrer Bedeutung identisch sind (Derrida 1974: 35) und es keine ursprüngliche Bedeutung der geschriebenen Wörter gibt, führt zu der Erkenntnis, „daß (sic) es einen absoluten Ursprung des Sinns im Allgemeinen nicht gibt" (ebd., S. 114). Das entlastet den Schreibenden vom hermeneutischen autobiographischen Schreibverständnis, welches geprägt ist von der Tätigkeit des Verstehen-Müssens (Wagner-Egelhaaf 2010: 190). Der permanente Abgleich von Ich- und Weltsicht, „um sich selbst und die Welt sowie ihre wechselseitige Bezogenheit aufeinander verstehen zu können" (ebd.), entfällt. Anstelle des Akts des Verstehens bezüglich „der integralen Einheit von Ich und den Zeitverhältnissen" (ebd.) verweist Derrida (1974: 122) auf die in der Schrift schon immer vorhandene Spur.

Was für eine Spur? Die Mehrdeutigkeit und Offenheit der Wörter, die sich nicht in ihrer konkreten Bezeichnungsfunktion erschöpfen, sondern in anderen Kontexten neue Bedeutung erlangen, bilden eine Spur. Eine Spur, die auf einen Ursprung zurückverweist, bei der es aber „eine ursprüngliche Spur nicht geben kann" (Derrida 1974: 108).

Diese Aussage hat einen transzendentalen Beigeschmack (ebd.). Das macht das Denken darüber schwierig. Ein Satz von Roland Barthes erleichtert mir eine Vorstellung von dieser Spur: „Der Text ist ein Gewebe von Zitaten aus unzähligen Stätten der Kultur." (Barthes 2002: 190). Das heißt, dass sich der geschriebene Text aus etwas schon Vorhandenem, das aus nicht zu zählenden und somit aus unendlichen Verortungen kommend, zusammenfügt. Der Schreibende ist kein ursprünglicher Verursacher, sondern er ist lediglich ein „Transmissionsglied in einer langen kommunikativen Kette" (Giesecke 1995: 13).

Was bedeutet es, dass schon eine Spur vorhanden ist? Diese Gegebenheit, das schon Vorhandensein einer Spur, entlastet den Schreibenden. Aus der Spur „ergibt sich ein Vorgang der Sinn- bzw. Bedeutungserzeugung, der als unendliches Aufeinander-Verweisen von Signifikanten auf Signifikanten konzipiert ist" (Wetzel 2010: 26). Mit dem Vorhandensein der Spur ist Sinn und Bedeutung schon gegeben. Für den autobiographisch Schreibenden heißt das, dass das von sich schriftlich Erzählte immer schon sinn- und bedeutungsvoll ist. Der Schreibende braucht keine einheitliche sinnvolle Selbstdarstellung zu konstituieren, sondern darf sich in seiner Unabgeschlossenheit erleben und darstellen. Ich verstehe die menschliche Unabgeschlossenheit in einem Sinne, wie sie Goethe 1829 in einem Gespräch mit Eckermann mit dem Satz zum Ausdruck bringt: „Übrigens aber ist der Mensch ein dunkles Wesen, er weiß nicht, woher er kommt, noch wohin er geht, er weiß wenig von der Welt und am wenigsten von sich selber" (Eckermann 1981). Das menschliche Wissen von sich und der Welt ist im ständigen Prozess der Veränderung und kommt nie zum Abschluss. Ein vollständiges Verstehen kann es nicht geben. Das nur stückweise Erkennen der Welt führt der Theologe Henning Luther (Luther 1991: 262 ff.) auf das Fragmentarische des Menschen selbst zurück. Er sagt, dass die Menschen Fragmente aus Vergangenheit und Zukunft sind. Er meint damit zum einen die Erfahrungen menschlicher Ohnmacht, die erlittenen Verluste, Fehlentscheidungen, die uns zu „Ruinen unserer Vergangenheit" (ebd.: 263) werden lassen. Zum anderen sind wir nach seiner Ansicht Fragmente aus der Zukunft, weil wir in unserer Unabgeschlossenheit offen sind für alles Mögliche.

Mit dieser Unabgeschlossenheit und gerade ihretwegen kann sich der autobiographisch Schreibende in die Spur einfügen, die ihn und seinen Text in einen sinnvollen Zusammenhang stellt. In diesem schon Vorhandenen, der Spur, kreuzen sich Vergangenheit und Gegenwart (Derrida 1974: 116) und weisen auch auf ein Verhältnis von Gegenwart und Zukunft hin (Krämer 2007: 17). Aber was bedeutet es konkret, sich in diese Spur einzufügen?

Das Nachgehen dieser Spur ist ein an das Aufzeichnen gebundener Prozess des Erinnerns, wobei es „um eine Reflexion des Erinnerungsprozesses selbst" (Weigel 1994: 9) geht. Der Schreibende beobachtet und kommentiert seinen Erinnerungsprozess im Schreiben. Auf diese Weise wird autobiographisches Schreiben zum kommentierenden Schreiben (Schneider 1986: 248). Es geht um das Kommentieren der Erinnerungsarbeit. Nicht mehr das Erinnern steht im Mittelpunkt, sondern das sich Beobachten bei der Erinnerung und das Kommentieren des Prozesses. Beobachten und Kommentieren heißt, einen Schritt zurückzutreten. Das Schreiben des autobiographischen Textes bietet die Möglichkeit, etwas mit Distanz zu betrachten. Sich zu distanzieren bedeutet, einen Raum zu schaffen. Das kann ein Handlungs- oder Spielraum sein, in dem die Möglichkeit besteht, etwas auszuprobieren und Erfahrungen zu sammeln.

Zusammenfassend ist zu sagen, dass autobiographisches Schreiben als literarisches Schreiben sich dem Gattungskonzept Autobiographie zuordnet. Aus der Gattung heraus ergeben sich verschiedene Funktionen. Gleich wie die Gattung sich historisch wandelte, veränderten sich auch die ihr immanenten Funktionen. Die hier vorgestellten vier Zeitabschnitte zeigen anschaulich die unterschiedlichen Erwartungen, mit denen sich die Gattung Autobiographie und das autobiographische Schreiben verbunden hat. Während in den Jahren von 1900-1920 dem autobiographischen Schreiben eine historische Dokumentarfunktion zugesprochen wurde, waren es ab 1950 die künstlerischen Aspekte, die das Wesen des autobiographischen Schreibens bestimmten und die eine Entwicklung des Menschen in seinem Leben auf einen Gesamtzusammenhang hin zeigen sollten. Das Schreiben war die Voraussetzung dafür, zu erkennen, wer man war. Es galt sein Selbst zu finden und wenn nötig zu erfinden. In den 1980er Jahren untersuchte die wissenschaftliche Forschung insbesondere autobiographische Texte des 20. Jahrhunderts. Hier fand man den in der theoretischen Diskussion erörterten Zusammenbruch der Vorstellungen eines kohärenten Selbst und seiner Geschichte in Form und Inhalt umgesetzt. Autobiographische Darstellungen zeigten sich als fragmentarische Texte, die den Prozess des erinnernden Schreibens beobachten und kommentieren.

Gattung impliziert Erwartungshaltungen. Sie funktioniert als dynamisches Ordnungsprinzip. Normierte ‚traditionelle' Muster stehen in Verbindung mit den Intentionen des Schreibenden und den Erwartungen der Leser. Es ist eine Normierung, die Veränderungen zulässt und lediglich fordert, dass angegebene Kriterien im Geschriebenen wiedererkennbar aufgerufen werden können, ohne dass sie erfüllt sein müssen. Das autobiographische Schreiben des 21. Jahrhunderts ist durch den Dekonstruktivismus von Erwartungen entlastet worden. Nicht mehr ein Selbst oder einen Lebenszusammenhang finden oder erfinden steht im Mittelpunkt des Interesses. Der Schreibende darf in seiner Unabgeschlossenheit den Spuren zu folgen, die sich aus der Vergangenheit und Zukunft in der Gegenwart kreuzen. Mit dem Schwerpunkt des sich Beobachtens und Kommentierens der Erinnerungstätigkeit wird autobiographisches ein kommentierendes Schreiben. Es bietet dem Schreibenden die Möglichkeit, sich in Distanz zu setzen und sich einen Raum zu schaffen, in dem er ausprobieren und sich anders erfahren kann. Sich einen Handlungsspielraum schaffen – das ist eine Erwartung bzw. Erlaubnis des autobiographischen Schreibens im 21. Jahrhundert.

2.2 Die Prozessebene – Schreiben und Handeln

Die zweite Dimension des autobiographischen Schreibbegriffs umfasst die Prozessebene des autobiographischen Schreibakts. Was genau und wie vollzieht sich der Schreibprozess? Was macht die Besonderheiten bei der speziellen Form des autobiographischen Schreibens aus?

2.2.1 Schreiben – ein variables Vermögen

Der Begriff des Schreibens führt je nach Betrachtungsweise – psychologisch, pädagogisch, linguistisch oder literaturwissenschaftlich – zu unterschiedlichen Definitionen. Ohne im Folgenden erforschte Entwicklungstendenzen anderer Wissenschaftsdisziplinen auszuschließen, wähle ich ein Begriffsverständnis, dass auf das Potenzial hinweist, das mit dem Schreiben verbunden ist. Sandro Zanetti (2009) schreibt in seinem Aufsatz „Logiken und Praktiken der Schreibkultur", dass Schreiben ein Vermögen ist. Ein Vermögen, das „kein zeitloses Vermögen, keine anthropologische Konstante, sondern eine Variable" ist. Diese Veränderbarkeit des Vermögens durch historische und kulturelle Gegebenheiten ermöglicht es, Schreiben im Hinblick auf prägende Zusammenhänge zu untersuchen. Die Prägung resultiert aus einem „spezifischen Zusammenspiel von körperlich-gestischen, instrumentell-technischen und sprachlich-semantischen Beteiligungen" (Campe 1996: 759-772). Natürlich sind diese drei Beteiligungen in den verschiedenen Formen des Schreibens unterschiedlich wichtig, aber sie alle sind konstitutive Elemente des Schreibens (Zanetti 2009: 75). Aus dem Zusammenspiel der Elemente gelingt es „dauerhafte Spuren (zu) produzieren, (die) aus körperlichen Bewegungen hervorgehen, die auf Techniken beruhen, die Wiederholungen ermöglichen und eine logische Struktur erkennen lassen" (Zanetti 2009: 75).

Schreiben ist also ein Vermögen, das sich als Variable darstellt. Mit diesem Blick auf das Schreiben als ein „historisch und kulturell präfiguriertes Vermögen" (Zanetti 2009: 76) ergeben sich die nachfolgend vorzustellenden Effekte: Die Kommunikations- und die Gedächtnishandlung.

2.2.2 Die nach innen und außen gerichtete Kommunikationshandlung

Die Effekte des Schreibvermögens, die Kommunikations- und Gedächtnishandlung, sind nicht voneinander zu trennen. Eine separate Betrachtung dieser Handlungen nehme ich dennoch vor, um den Aspekt der Gerichtetheit der Effekte herauszustellen. Zunächst aber ergibt sich die grundlegende Frage: Was ist eine Handlung?

Der Grundbegriff Handlung konnte bisher in der Soziologie oder der Philosophie nicht mit eindeutigen Kriterien versehen werden (Lehmann 1988: 13). Diese Unsicherheit führt auch bei der Bestimmung der Merkmale des Begriffs „kommunikative Handlung" zu Diskussionen. Im Folgenden werde ich auf drei Faktoren eingehen. Ich lehne mich dabei an die Darstellung bei Bernadette Rieder (Rieder 2008: 85 ff.) an, die sich wiederum an der Abhandlung „Kommunikatives Handeln und die Rekonstruktion von Handlungsmustern" von Hans Bickes und Dietrich Busse (Bickes & Busse 1987: 235 ff.) orientiert. Voraussetzungen für eine Kommunikationshandlung, gleichgültig ob in mündlicher oder schriftlicher Form, sind ein Kommunikationsraum, eine Wirkabsicht und es ist erforderlich, dass diese Handlung Konventionen unterliegt.

Der Kommunikationsraum ist das Leben an sich und das Bemühen der Menschen sich zu verständigen. Speziell beim autobiographischen Schreiben ist es das Verständigen über existenzielle Fragen. Wer bin ich? Wie ist zu leben? (Rieder 2008: 85). Diese Fragen wollen beantwortet werden. Es ist ein immerwährendes menschliches Bemühen sich auf Antworten zu verständigen.

Die Wirkabsicht ist beim autobiographischen Schreiben vielgestaltig, subjektiv und mit dem Menschenbild der jeweiligen Zeit verbunden (ebd.: 89). Das Schreiben bietet beispielsweise eine „Möglichkeit der Reflexion, der Identitätsfindung, vielleicht sogar der Auto-Therapie" (ebd.). Anderen wiederum geht es darum, eine Botschaft an die Welt in Form von Bekenntnissen, Erzählungen oder Berichten (Lehmann 1988: 57) zu richten. Pointiert gesagt will der aus einer hermeneutischen Perspektive Schreibende im Prozess des Schreibens sein Selbst erkennen und sein Erkennen nach außen bringen. Ganz andere Absichten hat der, der aus einem dekonstruktivistischen Verständnis autobiographisch schreibt. Nach meiner Ansicht führt er diesen Dialog aus zwei Gründen. Er kommentiert sich und seinen Schreibprozess und gewinnt dadurch andere Perspektiven und Handlungsspielräume. Spielräume, in denen er wiederum Erfahrungen machen kann. Zum anderen dialogisiert er schreibend aus einer Leidenschaft heraus. Eine Leidenschaft, die er sich aus Liebe zu sich selbst erlaubt und lebt.

Die im Kommunikationsraum auf „Verständigung ausgerichtete[n] Äußerungen" (Rieder 2008: 85) unterliegen Konventionen. Grundlegend für den Verständigungs- bzw. Verstehensprozess sind die Kenntnisse der Konventionen. Erst „wenn wir die Konventionen kennen, können wir die kommunikative Handlung verstehen" (ebd.: 91). Das heißt, die Kenntnis der Vereinbarungen ist die Voraussetzung dafür, dass der Leser mit einer Reihe von Schlussfolgerungen die Intentionen des Schreibenden verstehen kann. Eine Art dieser Vereinbarung findet sich für das autobiographische Schreiben in den nominalen Merkmalen der Gattung Autobiographie.

Die Voraussetzungen für eine Kommunikationshandlung sind beim autobiographischen Schreiben gegeben. Auf eine Besonderheit dieses kommunikativen Akts weist die Historikerin Renate Dürr (2007: 21) hin. Es ist nicht nur eine Kommunikation, die nach innen und nach außen geführt wird, sondern auch eine, die aus der Schreibgegenwart in die Vergangenheit führt. In diesem Verständnis ist das autobiographische Schreiben ein dialogisch strukturierter Akt der kommunikativen Handlung.

2.2.3 Die Gedächtnishandlung – prägend für das individuelle und kollektive Gedächtnis

Der zweite Effekt des Schreibvermögens ist die Gedächtnishandlung. Die enge Verknüpfung zwischen dem Schreiben und dem Gedächtnis kann aus einer neurobiologischen Sicht und aus einer literaturwissenschaftlichen Perspektive betrachtet werden.

Aus der Sicht der neueren Hirnforschung wird „das Gedächtnis nicht mehr als »Aufbewahrungs- oder Speicherort«, sondern als Möglichkeitspotential mit dynamischem und kreativen Charakter" (Dürr 2007: 20) verstanden. Dieses Möglichkeitspotential nutzt das Erinnern, das „allen Akten des Schreibens als Gedächtnishandlungen zugrunde liegt" (Lachmann 1990: 34). Das Erinnern zeigt sich somit als dynamischer und kreativer Prozess. Aber wie funktioniert es konkret? Der Professor für physiologische Psychologie Hans Markowitsch (2009) weist darauf hin, dass es nicht einfach das Gedächtnis gibt, sondern der Mensch verschiedene Gedächtnissysteme hat. Er unterscheidet inhaltlich das automatische Gedächtnis, das Gedächtnis für Urbeziehungen und das episodisch-autobiographische Gedächtnis. Das letztgenannte System ist das komplexeste und damit auch das anfälligste für Fehlleistungen. Angst- oder andere Stresssituationen gefährden den Vorgang des autobiographischen Erinnerns, bei dem faktenbezogene Wissensinhalte und deren emotionale Bewertung gekoppelt und synchron aktiviert werden (Bittner 2006: 28). Das Erinnern ist ein fragiler Konstruktionsprozess.

Die Gedächtnishandlung beim autobiographischen Schreiben findet vor allem im episodischen Gedächtnis statt. Es ist das Gedächtnissystem, welches unser Lebenswissen dynamisch speichert. Das heißt, hier werden ständig „situativ sich anpassende Selektions-, Ordnungs- und Figurierungsleistungen" (Orozko 2010: 113) vollbracht. Aus diesem Gedächtnis werden im Prozess des Erinnerns vergangene Erlebnisse aus der Perspektive unserer Gegenwart konstruiert.

Wie ist die Gedächtnishandlung aus literaturwissenschaftlicher Sicht zu verstehen? Es gibt mehrere Konzepte, welche die Zusammenhänge zwischen Gedächtnis und Literatur darstellen. Eine übersichtliche Darstellung geben Ansgar Nünning und Astrid Erll in ihrem Sammelband *Gedächtniskonzepte der Literaturwissenschaft. Theoretische Grundlegung und Anwendungsperspektiven*. Hier werden die folgenden Kategorien unterschieden: Gedächtnis in der

Literatur, Literatur als Gedächtnis und Literatur als Medium des Gedächtnisses. Ich möchte mich auf die Kategorie Literatur als Medium des Gedächtnisses konzentrieren. Dieses Gedächtniskonzept beruht auf der Annahme, dass Literatur nicht nur die individuellen Gedächtnisprozesse bildet und neuformuliert, sondern auch das kollektive Gedächtnis prägt (Erll & Nünning 2005: 6). Bevor ich diesen Annahmen für das autobiographische als literarischem Schreiben nachgehe, ist zunächst der Begriff des kollektiven Gedächtnisses verständlich zu machen.

Der Begriff vom kollektiven Gedächtnis wurde in den 1920er Jahren von Maurice Halbwachs geprägt (Halbwachs 1925: 60). Halbwachs' gedanklicher Ausgangspunkt ist das individuellen Gedächtnis in seiner sozialen Bedingtheit. Das bedeutet, dass sich das Gedächtnis bzw. die Erinnerungen eines Menschen „auf die aller anderen und auf die großen Bezugsrahmen des Gesellschaftsgedächtnisses" (ebd.: 72) stützt. Verschmelzen diese in sozialer Abhängigkeit stehenden individuellen Gedächtnisse zu einem Ganzen, spricht man vom kollektiven Gedächtnis.

Jan und Aleida Assmann erweitern diesen Begriff im kulturwissenschaftlichen Bereich. Jan Assman unterstützt mit seiner Aussage: „Erinnerungen auch persönlichster Art entstehen nur durch Kommunikation und Interaktion im Rahmen sozialer Gruppen" (J. Assmann 2007: 36) die soziale Eigenschaft des Gedächtnisses, aber hebt gleichzeitig seinen kommunikativen Charakter hervor. Später ergänzt er diese Überlegungen mit einer kulturellen Bedingtheit und entwickelt ein Modell des „kulturellen Gedächtnisses". Dieses Gedächtnis nutzt „symbolträchtige kulturelle Objektivationen" (Erll 2005: 2). Das heißt, der Inhalt dieses Gedächtnisses wird bestimmt von Erinnerungen, die über die Generationsgrenzen hinaus Bestand haben und an Medien, Riten und Traditionen gebunden sind (J. Assmann 2007: 52).

Was bedeutet es nun, dass literarisches Schreiben nicht nur individuelle Gedächtnisprozesse bildet und neuformuliert, sondern auch das kollektive bzw. kulturelle Gedächtnis prägt? Diese Frage zielt zunächst auf die Funktion des kollektiven bzw. kulturellen Gedächtnisses. Was und warum wird hier bewahrt und erinnert?

„Durch das kulturelle Gedächtnis gewinnt das menschliche Leben eine Zweidimensionalität oder Zweizeitigkeit, die sich durch alle Stadien der kulturellen Evolution durchhält. Die Erzeugung von Ungleichzeitigkeit, die Ermöglichung eines Lebens in zwei Zeiten, gehört zu den universalen Funktionen des kulturellen Gedächtnisses [...]" (ebd.).

Zweidimensionalität bildet sich aus der Realität und der historischen Zeit. Diese Zweizeitigkeit gibt dem Menschen die Möglichkeit, in die Vergangenheit zu blicken und seine Zukunft zu planen. Er „ist nicht an den Pflock des Augenblicks gekettet" (J. Assmann 2005: 23), sondern kann über einen größeren Zeitrahmen verfügen, in dem er sich bewegen kann. Das wiederum ermöglicht ihm auch die Distanznahme zur Realität und damit eine beobachtende, kritische Haltung. Das kulturelle Gedächtnis ist die „tragende, legitimierende Unterfütterung der Gegenwart" (ebd.: 25). Der Gewinn, den der Mensch durch das kulturelle Gedächtnis hat, lässt sich auch verdeutlichen, wenn man sich den Verlust vor Augen hält. Sigrid Weigel spricht davon, dass „der Verlust historischer Zeit [...] die Menschen [...] in das Bewusstsein der Kreatur, das nurmehr Überleben, aber kein Leben kennt [zurückversetzt]" (Weigel 2010: 159). Auch wenn der Begriff kulturelles Gedächtnis nicht dem Begriff Tradition gleichgesetzt werden kann (A. Assmann 2004: 59), so ist es doch „die Tradition in uns, die über Generationen, in jahrhunderte-, ja teilweise jahrtausendelanger Wiederholung gehärteten Texte, Bilder und Riten, die unser Zeit- und Geschichtsbewußtsein (sic), unser Selbst- und Weltbild prägen" (J. Assmann 2006: 70). In diesem Sinne verwende ich nachfolgend den Begriff Tradition und zitiere Hannah Arendt, die vor Augen führt, was ein Verlust derselben bedeutet: „...ohne Tradition, – die auswählt und benennt, die übergibt und bewahrt, die anzeigt, wo die Schätze sind und was ihr Wert ist – scheint es keine gewollte zeitliche Kontinuität und also, menschlich gesprochen, keine Vergangenheit und Zukunft zu geben, nur immerwährenden Wandel der Welt und den biologischen Kreislauf der Geschöpfe in ihr" (Arendt 2005: 5).

Der Verlust der Tradition führt zum Verlust einer Zukunft. Eine Gesellschaft, die nicht weiß, woher Sie die „qualitativen Maximen für eine Politik der Nachhaltigkeit ableiten" (Weigel 2010: 159) soll, reduziert das Leben auf ein (tierisches) Überleben. Die Funktion des kulturellen Gedächtnisses, hier als Tradition verstanden, besteht darin, der menschlichen Gesellschaft das Wie für ein nachhaltiges Leben aufzuzeigen. Die daraus resultierende Bedeutung für das literarische Schreiben, das auch das kollektive bzw. kulturelle Gedächtnis prägt, ist groß, denn hier wird mitentschieden, was und warum bewahrt und erinnert wird.

Zusammenfassend ist zum Effekt der Gedächtnishandlung, die aus dem Schreibvermögen resultiert, zu sagen, dass hier nicht nur das individuelle, sondern auch das kollektive Gedächtnis geprägt wird. Das kollektive Gedächtnis kann wiederum in ein kommunikatives und ein kulturelles unterschieden werden. Das kulturelle Gedächtnis ist ein „dynamisches und labiles Verhältnis" (J. Assmann 2004: 16), das entscheidet, in welcher Art und Weise und mit welcher Absicht das für eine menschliche Gemeinschaft relevante Wissen auf die nachfolgenden Generationen übermittelt wird. Das autobiographische, als literarisches Schreiben ist in dieses Verhältnis prägend eingebunden.

2.2.4 Das autobiographische Erinnern

Autobiographisches Schreiben braucht den Akt des autobiographischen Erinnerns. Dieser gedankliche Prozess bereitet in einem alltagssprachlichen Gebrauch keine Probleme, wirft jedoch bei näherer Betrachtung viele Fragen auf. „Wer erinnert was, in welcher Situation, aus welcher bewussten oder unbewussten Motivation, mit welchem gegenwärtigen Zweck, auf welche Weise, mit welchen Mitteln und welcher Wirkung?" (Berek 2009: 118). Seit zwanzig Jahren beschäftigen sich zunehmend Neurobiologen, Philosophen, Soziologen mit dem Thema Gedächtnis und Erinnerung und jeder Wissenschaftsbereich nähert sich dem Thema anders. Auch wenn zunehmend Erkenntnisse gemeinsam genutzt werden, kann von einer einheitlichen Erinnerungstheorie bisher noch nicht gesprochen werden – und die baldige Entwicklung einer solchen ist auch nicht zu erwarten (Erll & Nünning 2005: 95).

Es würde den Rahmen der Untersuchung sprengen, zunächst erinnerungstheoretische Ansätze vorzustellen und einen allgemeinen Überblick über den Forschungsgegenstand zu schaffen. Deshalb möchte ich lediglich auf zwei Schwerpunkte des allgemein anerkannten Erkenntnisstands bezüglich des Erinnerns hinweisen. Zum einen ist es „die Tatsache, dass sich das autobiographische Gedächtnis im Laufe des Lebens immer wieder neu organisiert" (Wagner-Egelhaaf 2010: 192) und zum anderen ist es der Charakter seiner „sprachlich-narrativen Verfasstheit" (Erll & Nünning 2005: 95). Trotz skeptischer Stimmen, ob und inwieweit die naturwissenschaftlichen und psychologischen Erkenntnisse bei einer literaturwissenschaftlichen Betrachtung hilfreich sind (Wagner-Egelhaaf: 192), sollen die o.a. Sichtweisen hier übernommen werden. Zunächst möchte ich allerdings auf einen Tatbestand hinweisen, der konstitutiv für das Erinnern ist und ihn mit der Hegelschen Etymologie des Wortes Erinnerung einführen.

In der Hegelschen Etymologie des Wortes Erinnerung wird auf den Vorgang eines „Sich-innerlich-machens" hingewiesen. Ist es ein Hinweis sich auf die innerliche Suche zu begeben um die Erinnerungen als „im Bewusstsein des Individuums verortete Phänomene" (Nünning 2007: 47) zu suchen? Nein, denn nach den Theorien des Soziologen Halbwachs sind die Erinnerungen nicht in mir, sondern sie entstehen in einem kollektiven und kulturellen Rahmen. Das heißt, der Prozess des „Sich-innerlich-machens" unterliegt sozialen und kulturellen Abhängigkeiten (ebd.: 46). Erinnerung ist somit nicht nur individuell, sondern sie wird eben auch von kollektiven und kulturellen Mustern getragen (ebd.: 47). So ist beim autobiographischen Schreiben als literarischem Schreiben die Erinnerung immer auch von der Gattung und den implizierten Erwartungen abhängig. Diese Erwartungen sind, wie schon im Gliederungspunkt 'Die Gattung Autobiographie im Wandel der Zeit' dargestellt, einerseits durch das jeweilige Menschenbild der Zeit bestimmt und andererseits durch die autobiographischen Texte geprägt, die vorgängig geschrieben wurden. Erinnerungen werden dabei an bestimmte Topoi gebunden (Goldmann 1994: 666 ff.). Diese stellen in ihrer Gesamtheit ein Modell bereit, das Kriterien für den autobiographischen Erinnerungsprozess anbietet.

Wenn meine Erinnerungen nicht in mir verortet sind, sondern erst in einem kollektiven und kulturellen Rahmen entstehen, worauf zielt dann der Hinweis des „Sich innerlich machens"? Es ist ein Richtungshinweis für meine Aufmerksamkeit. Aber was hat Aufmerksamkeit mit der Erinnerung zu tun und worauf soll sie gerichtet werden? Aufmerksamkeit ist konstitutiv für den Erinnerungsprozess (Matussek 2001: 59). Dieser Tatbestand deutet sich schon durch den Wortbestandteil ‚merken' an. Der Prozess des Aufmerksamseins ist die geistige Hinwendung auf äußere oder innere Vorgänge und Objekte (ebd.).

Mit dieser gerichteten Aufmerksamkeit fragt sich der erinnernde, autobiographisch Schreibende: „Wie bin ich?" und „Wie habe ich gelebt?". Die Antworten auf diese Fragen stehen in Abhängigkeit von seinen Wahrnehmungen und seinem Selbstbewusstsein. Sie hängen wesentlich von dem Bild ab, das sich der Schreibende von sich selbst macht. Was bedeutet es, ein Bild von sich selbst zu machen? Diese Frage enthält zwei Gedanken. Zum einen wird unterstellt, dass der Mensch in der Lage ist, sich ein Bild von seinem Selbst zu machen, das heißt, es aktiv zu gestalten. Zum anderen wird vorausgesetzt, dass es ein Selbst gibt, von dem der Mensch sich ein Bild machen kann.

Die umfangreiche Literatur zur Frage nach dem Selbst, der Identität oder dem ‚Ich' in Verbindung mit dem autobiographischen Schreiben zeigt die Gewichtigkeit dieses Zusammenhangs. In diesem Buch werde ich den Begriff vom Selbst im Sinne des Philosophen und Bewusstseinsforschers Metzinger verstehen. In seinem Buch ‚Der Ego-Tunnel' (2012) zeigt er, dass das Selbst, das Verständnis von uns als Person, nur ein Modell ist. Ein Modell, das der Mensch von sich macht (ebd.: 18). Unser Selbst ist ein Konstrukt eigener Gehirnleistung. Allerdings ist unser Gehirn fragil. Nicht nachvollziehbare Neuronenkämpfe entscheiden, was in unser Bewusstsein dringen soll. Vorgefiltert erreicht uns etwas, was relevant sein soll. Was hat das für den autobiographischen Erinnerungsprozess zu bedeuten? Die Psychologie, Neurobiologie und die Literaturwissenschaften sind sich darüber einig, „dass autobiographisches Erinnern niemals eine Rekonstruktion des ‚so Gewesenen' ist" (Machtans 2009: 13). Aber was ist es dann?

Der Erinnerungsprozess ist eine gegenwärtige Rekonstruktion der Vergangenheit. Hier werden „Gedächtnisspuren nach Maßgabe gegenwärtiger Bedürfnisse und Deutungen berücksichtigt und verknüpft" (Polkinghorne 1998: 24). Kurz gesagt, Erinnerung ist eine Rekonstruktion nach Maßgaben. Sie unterliegt Beschränkungen. Eine davon ist ihre „narrative Verfasstheit" (Nünning 2007: 51). Die narrativen Strukturen, das sind „konventionalisierte Erzählschemata und kulturell verfügbare Plots" (ebd.: 51). Sie bilden einen möglichen Rahmen, „in den hineinerinnert wird" (Joachimsthaler 2009: 45). Innerhalb dieses Erinnerungsrahmens kann das Erinnerte zu einem festen Vorstellungsbild, eben einem Modell vom Selbst werden. Das Erzählen im Erinnerungsrahmen stabilisiert unser Selbstmodell und führt zur Identitätsbildung des Einzelnen und der Gesellschaft (ebd.: 49).

Die fragmentarisch dargestellten Erkenntnisse über die Art und Weise, wie und warum erinnert wird, werden im Verlauf der Überlegungen um die Fragestellung ergänzt, in welchen Abhängigkeiten der Akt des Erinnerns steht. In Bezug auf das Thema autobiographisches Schreiben werden aus der Vielzahl von Einflussfaktoren das Schreiben und seine Effekte näher betrachtet.

Zunächst einmal ist festzuhalten, dass dem autobiographischen Erinnern eine nach innen gerichtete Aufmerksamkeit zugrunde liegt. Mit dieser Voraussetzung kann erinnert werden, das heißt, aus gegenwärtiger Sicht wird Vergangenes rekonstruiert. Der Erinnerungsprozess ist unter anderem durch seine narrative Verfasstheit beschränkt. Innerhalb dieser Beschränkung konstruiert der Mensch das Modell seines Selbst. Der Erinnerungsprozess unterliegt verschiedenen Einflüssen. Einer davon ist das Schreiben.

2.2.5 Freiheit im autobiographischen Schreiben

Mit dem Schreiben als Akt der Kommunikations- und Gedächtnishandlung wurde ein bestimmter Freiheitsbegriff des Menschen unterstellt. Schreiben als Handlung suggeriert, dass der Mensch frei und fähig ist, sein bzw. von seinem Leben zu erzählen. Ist diese Freiheit zu bezweifeln?

Grundsätzliche Zweifel an der menschlichen Willensfreiheit finden sich in den aktuellen neurowissenschaftlichen Erkenntnissen und philosophischen Theorien des Determinismus. Spezifische Zweifel ergeben sich aus den Besonderheiten des autobiographischen Schreibens. Ein wichtiges Kriterium des autobiographischen Schreibens ist, dass an ihm drei Instanzen beteiligt sind. Der Erzähler der Geschichte, der Protagonist als derjenige, von dem erzählt wird, und die Person, die befähigt ist, das eigene Leben zu leben und sich verantwortlich für das eine oder andere zu entscheiden (Thomä 2007: 26). Jede dieser drei Instanzen füllt eine bestimmte Rolle aus (ebd.: 27). Möglicherweise stehen diese Rollenspiele einem freien Schreiben und damit einem unabhängigem Kommunikations- und Gedächtnishandeln entgegen. Bevor ich den spezifischen Zweifeln, die sich mit den drei Instanzen verbinden nachgehe, führe ich den hier verwandten Begriff von Freiheit ein.

Aus dem weiten Feld der Theorien und philosophischen Gedanken zur Willens- und Handlungsfreiheit des Menschen wähle ich das anthropologische Freiheitsverständnis des Philosophen Ernst Tugendhat. Die Auswahl gerade dieses Verständnisses von Willensfreiheit hat seinen Grund in der engen Verbindung mit dem eigentlichen Problem der Freiheit, dem Problem der Verantwortlichkeit. Als Naturwesen ist der Mensch determiniert, weist aber im Unterschied zum Tier, das in seinem Verhalten instinktgeleitet ist, eine biologische Instinktunsicherheit auf. Eine Unsicherheit, die dazu führt, dass er sich entscheiden muss. Die Befähigung sich zu entscheiden hat der Mensch durch den aufrechten Gang, das darauf folgende Freiwerden seiner Hände und die Erweiterung seines Gesichtsfeldes erworben. Auf diese Weise hat er sich eine Naturdistanziertheit geschaffen, eine Distanz, die ihm Spielraum bietet. Einen Raum, in dem er sein Vermögen zur rationalen Beurteilung der Situation und zur Suspension der Befriedigung der unmittelbaren Wünsche, bezogen auf das, was für eine Zukunft als gut und besser beurteilt wird, gestaltet (Tugendhat 2007: 60). In dieser menschlichen Fähigkeit des Einklammernkönnens von Wünschen, des Verzichts auf eine gegenwärtige Befriedigung zugunsten einer zukünftigen, die er für besser hält, manifestiert sich die Willensfreiheit (ebd.: 72). Aber in welcher Verbindung steht dieser anthropologische Freiheitsbegriff mit meinen Überlegungen zum autobiographischen Schreiben?

Wir Menschen können genau wegen dieser Struktur der Willensfreiheit für unser Handeln verantwortlich gemacht werden. Das Handeln schließt auch ein kommunikatives Handeln und Gedächtnishandeln ein. Wenn der Mensch die Fähigkeit hat, die Befriedigung seiner Wünsche zu suspendieren und nach Gründen zu handeln, dann liegt es an ihm. Er ist in der Freiheit, sein Erzählen zu gestalten und er ist für sein Erzählen bzw. autobiographisches Schreiben verantwortlich zu machen. Aus diesem Verständnis von Willensfreiheit wird das schriftliche Erzählen mit der Selbstbestimmung und Selbstverantwortung der Person verbunden. Aus der gegebenen Verantwortung stellt sich dem Menschen die Frage, wie er erzählen und leben will.

Mit dem autobiographischen Schreibprozess bringt er die eigene Vergangenheit in sprachliche Form und setzt sich dadurch in ein bestimmtes Verhältnis dazu. Der Schreibende organisiert narrativ Erlebnisse, Handlungen, Sachverhalte, die er erfahren hat. Organisieren ist der Sammelbegriff für die in diesem Prozess erforderlichen auswählenden, ordnenden und gestaltenden Handlungen. Aber wer macht es und ist dafür verantwortlich zu machen? Ist es der Erzähler der Geschichte oder der Protagonist, von dem erzählt wird oder die Person, die befähigt ist, das eigene Leben zu leben. Aus der Darstellung zur Gattungsgeschichte wurde deutlich, dass durch den Dekonstruktivismus der autobiographisch Schreibende Entlastung erfahren hat. Als Erzähler muss er keine sinnstiftende kohärente Geschichte erzählen und der Protagonist muss nicht ein Held sein, der gesellschaftlichen Moralnormen entspricht. Die Person hat die Erlaubnis, sich so darzustellen wie sie ist. Unfertig und unabgeschlossen darf sie sich in eine schon vorhandene Spur einfügen. Aus dieser Entlastung erwächst Freiheit in Verbindung mit Verantwortung. Eine Freiheit, die das Ausleben von Leidenschaften einschließt. Für Manfred Schneider (1986: 252 f.) führt dies beim autobiographischen Schreiben zum Verlust von Aussagefunktion. Für ihn findet sich die Tiefe der modernen autobiographischen Texte lediglich in ihrer Leidenschaft, in dem Wunsch zu schreiben. Ich denke, dass sich die autobiographischen Texte des 21. Jahrhunderts in ihrem Aussagegehalt nicht darauf reduzieren lassen. Gerade die neue Freiheit des autobiographischen Schreibens bietet die Möglichkeit, das Schreiben als eine Form innovatorischen Vorausdenkens zu nutzen. Ein Vorausdenken, aus dem der schreibenden Person ein Spielraum erwächst. In diesem Spielraum probiert sie leidenschaftlich schreibend Lebensvarianten aus.

2.3 Die Wirkungsebene – Wurzeln und Flügel spüren

Das autobiographische Schreiben wirkt. Es funktioniert. Die in der Form- und Prozessebene genannten Charakteristika zeigen sich mit ihren Folgen in der Wirkungsebene. Sowohl das Funktionieren als auch die metaphorische Ankündigung der Wirkungen sind erklärungsbedürftig. Wie funktioniert etwas im literaturwissenschaftlichen Verständnis und ist die Metapher im Rahmen einer wissenschaftlichen Untersuchung aussagekräftig und erlaubt?

2.3.1 Funktionen aus literaturwissenschaftlicher Sicht

Der Begriff Funktionen lässt zunächst an Fakten und an ablesbare Ergebnisse denken. Messbare Größen, die vor allem in der Naturwissenschaft erwartet werden. Meine Sicht auf die Wirksamkeit zielt hier aber insbesondere auf die Bedeutung ab, die autobiographisches Schreiben aus einer literarischen, kulturpolitischen, philosophischen und aus einer ethischen Sicht heraus hat. Seit Mitte des 20. Jahrhunderts wird in der Literaturwissenschaft „Funktion" im Sinne eines Konzepts verstanden und theoretisiert (Gymnich & Nünning 2005: 10). Mit dem Begriff der Funktion werden drei zentrale Aspekte verbunden: die „Wirkungsintention des realen, empirischen Autors, das Wirkungspotenzial des Textes und seine historisch nachweisbaren Wirkungen" (ebd.: 9). Nur der letzte Aspekt des Funktionsbegriffs, die historische Wirkung, zeigt „die tatsächlichen, historiographisch nachgewiesenen Auswirkungen eines Textes. Die Wirkungsabsicht und das Wirkungspotenzial hingegen sind lediglich Funktionshypothesen" (ebd.: 11), also Annahmen, die behauptet und gedeutet werden können. In dieser Untersuchung geht es um die Wirkungsabsicht und das Wirkungspotenzial, das heißt um ein Funktionieren, das nur hypothetisch sein kann.

Autobiographisches Schreiben ist „immer schon als literarisches, also durch literarische Formen geprägtes Schreiben" (Waldmann 2000: 5). Als literarisches Schreiben ordnet es sich in eine Schriftkultur und deren Funktionen ein. Die philosophisch-anthropologische Perspektive versucht die Funktionen von Literatur für die einzelne Person oder die Gesellschaft zu bestimmen (Köppe & Winko 2008: 318). Sie zählt zu den Möglichkeiten und Aufgaben von literarischen Texten das ästhetische Vergnügen, die Kommunikation, die Verhaltensmodifikation, die Identitätsbildung, die Erkenntnisvermittlung und die Gesellschaftskonstitution (vgl. Schmücker 2001: 22 ff.). Die Funktionen greifen ineinander und auch mit dem autobiographischen Schreiben werden mehrere mit unterschiedlichen Gewichtungen realisiert. Im Folgenden liegt die Betrachtung auf der (sozial-)kommunikativen Funktion. Es interessiert mich, in welcher Beziehung das autobiographische Schreiben im Hinblick auf die Bewusstseinsbildung der einzelnen Person und der Gesellschaft steht. Prägt es das kulturelle Gedächtnis?

2.3.2 Die Metapher – eine Brücke zwischen den Wissenschaften

Ich kündige die hypothetischen Wirkungen mit einer Metapher an. Das macht sie ungriffig, ungenau, ja vielleicht sogar unwissenschaftlich? Dem Gedanken der Unwissenschaftlichkeit widerspricht die Sprachwissenschaftlerin Simone Roggenbuck vehement: „Die Metapher ist trotz oder gerade wegen ihres nonrationalen Dissimile-Anteils ein existentieller Teil von Theorien und Wissenschaft überhaupt. Sie ermöglicht […] ein vorläufiges Begreifen des noch nicht Erklärten. Die Metapher bildet ein Brückenglied zwischen den Natur- und den Geisteswissenschaften" (2010: 68).

Auch Bernhard Debatin ist in seinem Werk „Die Rationalität der Metapher" dieser Frage nachgegangen und hat nach umfassenden Untersuchungen der Metapher ihr gleichfalls die Funktion eines rationalen Vorgriffs zugewiesen (1995: 133 ff.). Aus dieser Grundfunktion ergeben sich weitere wie die kreativ-kognitive, die orientierend-welterschließende und die kommunikativ-evokative Funktion. Diese Wirkungen der Metapher sind aber immer an die Bedingungen der Kommunikation gebunden (Debatin: 7). Das heißt: „Die Klugheit der Metapher … steht und fällt mit der Klugheit ihrer Schöpfer *und* [Herv. i. O.] Interpreten, denn diese sind es, […] die sie verstehen oder missverstehen, die sich von ihrer Suggestionskraft gefangen lassen oder durch kritische Reflexion ihrer Evidenz und Geltung bestimmen." (ebd.: 342).

In diesem Sinne fordert die Auswahl der Metapher „Wurzeln und Flügel spüren" den Schreibenden und Leser heraus. Sie fordert unsere kritische Reflexion um wirksam dem humboldtianischen Gedanken zu dienen, vom Wissen des jeweils Anderen zu profitieren. Aus den unterschiedlichen Beobachtungperspektiven soll der gedankliche Raum für die sich entfaltenden Funktionen des autobiographischen Schreibens entstehen. Funktionen, die sich der schreibenden Person und der Gesellschaft anbieten.

2.3.3 Spüren – ein aufmerksames Orientieren an Vorübergegangenem

Spüren, was bedeutet es? Laut Grimm'sches Wörterbuch (Bd. 17, Sp. 243, Eintrag „Spur") hat es die Bedeutung einer Spur nachzugehen. Es ist die Handlung des Aufsuchens und Folgens einer Fährte. Was kennzeichnet eine Spur? Sybille Krämer (Krämer 2007: 14-18) formuliert zehn Attribute, wie Spur verstanden werden kann. Zwei davon habe ich für meine Betrachtung ausgewählt und gebe einige Erläuterungen zu den Kennzeichen Orientierungsleistung und Abwesenheit.

Wie ist das Attribut der Orientierungsleistung im Zusammenhang mit der Spur zu verstehen? „Orientierung ist die Fähigkeit, sich in einer neuen Situation zurechtzufinden und Handlungsmöglichkeiten in ihr zu erschließen" (Stegmaier 2007: 83). Der Mensch im Bewusstsein seiner Gefährdetheit ist immer auf der Suche nach emotionaler und physischer Sicherheit. Wir sind ständig um eine Orientierung bemüht. Spuren deuten (gedankliche) Wege an. Im Suchen, Finden und Lesen von Spuren gewinnt der Mensch Orientierung, der wiederum schon Orientierung vorausgeht (ebd.: 82). Gehen wir einer Spur nach, so geht es „um Orientierung für das eigene praktische und theoretische Handeln" (Krämer 2007: 15). Diese Orientierung erfordert eine besondere Aufmerksamkeit. Wir richten uns nach der Spur aus, um in ihr zu bleiben. Es ist eine „gerichtete Aufmerksamkeit" (ebd.), mit der wir Spuren lesen.

Metzinger nennt diese Fähigkeit des Handelns attentionale Agentivität. Dieses Handeln, das Ausrichten unserer Aufmerksamkeit, verschafft uns ein besonderes Erleben. Wir erleben uns als die Entität, die ihre Wahrnehmungen kontrolliert (2012: 176). Diese Eigenschaft des Menschen, seine Aufmerksamkeit auszurichten, bestimmt unser Bewusstsein vom Ichgefühl (ebd.: 177).

Die Spur und ihr Kennzeichen Abwesenheit stehen für mich in einem Zusammenhang mit dem menschlichen Wahrnehmen von Wirklichkeit. Etwas oder Jemand ist vorbeigegangen – ein Vorgang im besten Sinne des Wortes – und hat eine Spur hinterlassen. Der hinterlassene Abdruck deutet etwas an. Das Angedeutete ist zu interpretieren. Dieser Ablauf von Wahrnehmen und Interpretieren erinnert an die Schattenmetapher in Platons Höhlengleichnis. In seinem philosophischen Werk „Der Staat" sitzen gefesselte Gefangene, deren Köpfe von Geburt an fixiert sind. So sehen sie sich selbst und ihre Mitgefangen nur durch Schatten, die durch das hinter ihnen angezündete Feuer an die Höhlenwand geworfen werden. Auch die oberhalb der Höhlenmauer hinter ihnen vorbei gebrachten Gegenstände zeichnen sich nur als Schatten auf der Wand ab. Neueste neurowissenschaftliche Untersuchungen zeigen (ebd.: 12), dass wir ähnlich wie die Gefangenen eine physikalische Wirklichkeit auf eine reduzierte Weise erleben. Der Mensch nimmt aufgrund der begrenzten Leistungsfähigkeit seiner Sinnesorgane nur einen Bruchteil der Wirklichkeit wahr, sein Bewusstsein gleicht einem Tunnel. Das Erleben ist „weniger ein Abbild der Wirklichkeit als vielmehr ein Tunnel *durch* [Herv. i. O.] die Wirklichkeit" (ebd.: 21). In diesem Sinne ist das, was wir wahrnehmen, ebenfalls nur Schatten. Schatten, die wir in unserem Tunnel als eine niedrigdimensionale Projektion einer höherdimensionalen Wirklichkeit wahrnehmen (ebd.: 41). Diese Schatten sind wie Spuren, die wir entdecken und deuten.

Spüren, das bedeutet im etymologischen Sinne das Aufsuchen und Folgen einer Spur. Die Handlung Spüren wird hier einerseits als eine Orientierungsleistung verstanden. Wir orientieren uns bezüglich unseres praktischen und theoretischen Handelns. Das erfordert eine gerichtete Aufmerksamkeit. Im Ausüben dieser attentionalen Agentivität erleben wir uns als Selbst. Andererseits ist das Spüren ein Wahrnehmen und Deuten von Spuren, die sich als Schatten in unserem Bewusstseinstunnel abzeichnen. Gleichgültig ob wir uns beim Spüren nun orientieren oder Abwesendes deuten, immer ist eine gerichtete Aufmerksamkeit erforderlich. Diese Aufmerksamkeit bildet unser Bewusstsein und erweitert es.

2.3.4 Der Raum zwischen Wurzeln und Flügeln

Die Metaphern Wurzeln und Flügel mit ihrer „hypothetischen Erklärungsfähigkeit" (Roggenbuck 2005: 62) bilden den roten Faden durch die Wirksamkeitsebene. Es sind viele Assoziationen, die diese poetische Bildersprache hervorruft. Ich habe mich bei den Naturmetaphern für naheliegende Gedanken entschieden. Zuallererst sind die Metaphern Wurzel und Flügel Bilder für Phänomene unserer Identität. Mit der Wurzel-Metapher wird der Umstand verdeutlicht, dass der Mensch weder aus dem Nichts entsteht, noch sich selbst konstruiert. Er hat bereits einen Ursprung. Einen Ursprung, der uns ebenso wie die biologischen Wurzeln der Pflanze einen Halt gibt. Insofern wird mit der Wurzel-Metapher unsere Herkunft und somit ein Stück unserer Identität konstruiert bzw. sichtbar gemacht. Die Wurzel-Metapher bezieht sich auch auf die geistigen Grundlagen, unser kulturelles und religiöses Erbe. Im Jahr 1808 schrieb Friedrich von Schlegel in Bezug auf die Verwandtschaft von Sprachwurzeln, dass die Wurzel für den Anfang einer Entwicklung steht. Sie ist der 'Keim' und der 'Knotenpunkt einer Entfaltung' (ebd.: 166) und verweist mit diesem Bild wiederum auf die Fülle der noch nicht entwickelten Möglichkeiten. Wurzeln spüren, das ist das Vorgängige, dem ich nachgehe und dabei die Anlagen für das noch Mögliche entdecke.

Das noch Mögliche, das Andere erfahren – davon spricht auch Ludwig Achim von Arnim in seinem Gedicht Vorbereitung, das in der Sammlung des Knaben Wunderhorn veröffentlicht ist (von Arnim und Clemens Brentano 1979: 179-180):

> „Danket Gedanken, Verstand und du Wille,
> Danke Gedächtniß und Urtheil dazu;
> Schwinget die Flügel zur ewigen Fülle,
> Laßt euch nicht halten das zeitliche Nu."

Der Dichter von Arnim nutzt die Metapher der Flügel, um auf die Möglichkeiten unserer Gedanken und jegliche mit dem Denken verbundenen Fähigkeiten hinzuweisen. Er fordert uns auf, mit diesen geistigen Flügeln zu einer erfüllten Unendlichkeit zu schwingen. Der Mensch ist fähig, gedanklich Erstarrtes in Schwingungen zu versetzen und sich von Verhaftungen der Erde zu lösen. Er erhebt sich in die Luft und bewegt sich in anderen Dimensionen. Raum und Zeit öffnen sich. Sein Gesichtsfeld wird erweitert. Der Mensch kann sich und die Welt mit Abstand betrachten. Aus dieser Perspektive bieten sich ihm noch unbekannte Lebensmöglichkeiten. Der Mensch erfährt sich anders und entwickelt ein neues Bewusstsein.

Die Metaphern Wurzeln und Flügel spannen einen Raum auf. Einfach könnte man sagen, dieser Raum ist das Leben selbst. Es ist der Raum, der sich aus dem Nachgehen von Vorgängigem und dem Vorstellen und Gestalten von neuen Bewusstseinszuständen bildet.

Es ist ein Raum, der sich auf bestimmte Weise öffnet und zugänglich wird. Den Schlüssel für diesen Raum trägt jeder Mensch bei sich. Es ist das Aufmerksamkeitsmanagement. Wie ist das zu verstehen? Ich soll meine Aufmerksamkeit managen, um meinen Lebensraum zu öffnen? Für Metzinger ist das bewusste Führen der Aufmerksamkeit die Antwort auf die Attacken der Industrie, die aus Gewinnmaximierungsinteressen immer mehr von unserer Aufmerksamkeit in Anspruch nehmen möchte (2012: 330). Er sagt, dass die Aufmerksamkeit für ein gelungenes Leben existenziell ist, denn „Aufmerksamkeit braucht man, um anderen Menschen (und sich selbst) wirklich zuhören zu können. Aufmerksamkeit braucht man, um Sinnesfreuden genießen zu können, zum Lernen oder um beim Sex, in der Liebe oder in der Natur wirklich da zu sein" (ebd.: 329). Ein Aufmerksamkeitsmanagement setzt der Industrie und ihren "Aufmerksamkeitsräuber[n]" (ebd.: 330) etwas entgegen. Metzinger schlägt vor, zunächst die Begrenztheit der Ressource Aufmerksamkeit für sich selbst zu erkennen und zweitens eine Technik zu erlernen, mit der die eigene Wachheit und Konzentrationsfähigkeit langfristig trainiert, stabilisiert und maximiert wird. Nur die nachhaltige eigene Kontrolle über die Aufmerksamkeit bewahrt unser phänomenales Ichgefühl und schützt uns vor einer Depersonalisierung (ebd.).

Das Aufmerksamkeitsmanagment geht einher mit einer neuen Bewusstseinskultur. Die neurowissenschaftlichen Erkenntnisse geben den Menschen ein neues Wissen über das Bewusstsein, das jahrtausendealtes Wissen in Frage stellt (ebd.: 333f.). Eine Wende im Menschenbild ergänzt die alte philosophische Frage, wie denn zu leben sei, mit der Frage, welcher Bewusstseinszustand gut für uns ist. Eine neue Bewusstseinskultur zu entwickeln bedeutet „den Ego-Tunnel zu erweitern und den Raum veränderter Bewusstseinszustände zu erforschen […]" (Metzinger 2012: 336).

Der Raum unseres Bewusstseinszustands wird in diesem Buch durch das autobiographische Schreiben aufgespannt – es ist der Raum zwischen Wurzeln und Flügeln. Die Wurzel ist ein Bild für etwas schon vorher Dagewesenes, aus dem sich noch eine Menge entwickeln kann. Wurzeln spüren verweist darauf, dass es immer schon etwas Vorgängiges gibt, das Spuren hinterlassen hat. Eine Abgeschlossenheit des menschlichen Lebens kann es nicht geben. Das menschliche Leben fügt sich in schon Gegebenes ein. Eine sinnstiftende Einheit kann und muss vom autobiographischen Schreibenden beim Erzählen der Lebensgeschichte weder gefunden noch hergestellt werden. Der Anfang wurde schon gelegt und der Mensch kann sich in seiner Unabgeschlossenheit einfügen in einen großen Lebenszusammenhang. Die Flügel bringen Gedanken in die menschliche Vorstellungskraft, die neue Dimensionen und Perspektiven auf das Leben zulässt. Wurzeln und Flügel spüren, Vorgängigem und neuen Perspektiven nachgehen: Das ist ein Leben, aus dem Erfahrungen und Erkenntnisse zu gewinnen sind. Diese Erfahrungen und Erkenntnisse sind Lebenswissen, das der einzelne Mensch und die Gesellschaft brauchen.

In der Wirkungsebene zeigt sich das autobiographische Schreiben mit seinen Möglichkeiten. Auf dieser Ebene finden sich die Angebote, die sich aus den in der Form- und in der Prozessebene benannten Funktionen entfalten. Mit der Metapher Wurzeln und Flügel spüren werden die hypothetischen Funktionen eingeführt. Spüren ist hier ein aufmerksames Orientieren an Vorübergegangenem. In Verbindung mit Wurzeln spüren heißt es, eine Orientierung suchen und finden. Der sich orientierende Mensch erhält Sicherheit aus Vorgängigem. Spüren ist auch Wahrnehmen von Abwesendem, Deuten von Schatten, die sich in unserem Bewusstseinstunnel abzeichnen. Das Bild vom Flügel spüren verweist auf die mir möglichen anderen Dimensionen, die mein Bewusstsein erweitern. Das autobiographische Schreiben spannt einen Raum zwischen Wurzeln und Flügeln. Es ist ein Raum, der sich mit Lebenswissen füllt, für den einzelnen Menschen und die Gesellschaft im 21. Jahrhundert.

Zusammenfassend ist zu sagen, dass das Begriffsverständnis vom autobiographischen Schreiben im Spannungsfeld der Form-, Prozess- und Wirkungsebene deutlich seine verschiedenen Funktionen zeigen kann. Mit diesen Wirkungen bietet es sich dem Einzelnen und der Gesellschaft an. Nachfolgend wird mit diesen Erkenntnissen gearbeitet und insbesondere noch einmal die Prozessebene betrachtet. Was hat der autobiographische Schreibprozess für Angebote zu machen, denen (lebens-)notwendigerweise nicht zu widerstehen ist?

3 Das Angebot des autobiographischen Schreibens

„Schreiben als Wahrnehmungs- und Denkhilfe" (Berning 2002), „Therapeutikum Schreiben" (Brandt 2008), „Die Heilkraft des Schreiben" (Schenk 2009) oder „Ich schreibe, also bin ich" (Schwidder 2004): Mit diesen Buchtiteln bietet sich das Schreiben in den Regalen der Buchhandlungen an. Schon die wenigen aus der Vielzahl der Veröffentlichungen zum Thema Schreiben ausgewählten Buchtitel geben mir als Kaufinteressent ein Versprechen, das lukrativ klingt. Sind es aus Marketinggründen und Blick auf den Umsatzanteil reißerisch formulierte Titel oder sind es wahrhaftige Angebote? Die Buchtitel, ohne bereits spezifisch autobiographisches Schreiben zu erwähnen, verkünden Wirkungen des Schreibens, die mich begeistern. Aber wie kann Schreiben das bewirken? Ich gehe der Frage nach, indem ich zunächst die mit dem Schreiben verbundenen Funktionen betrachte und danach auf die spezifischen Funktionen des autobiographischen Schreibprozesses eingehe.

3.1 Schreiben

Ohne im Folgenden erforschte Entwicklungstendenzen anderer Wissenschaftsdisziplinen auszuschließen, habe ich für den Begriff des Schreibens ein Begriffsverständnis ausgewählt, das auf das Potenzial hinweist, das mit dem Schreiben verbunden ist. Sandro Zanetti schreibt in seinem Aufsatz „Logiken und Praktiken der Schreibkultur", dass Schreiben ein Vermögen ist. Ein Vermögen, das „kein zeitloses Vermögen, keine anthropologische Konstante, sondern eine Variable" (Zanetti 2009: 75) ist. Diese Veränderbarkeit des Vermögens durch historische und kulturelle Gegebenheiten ermöglicht es, Schreiben im Hinblick auf prägende Zusammenhänge zu untersuchen. Die Prägung resultiert aus einem „spezifischen Zusammenspiel von körperlich-gestischen, instrumentell-technischen und sprachlich-semantischen Beteiligungen" (Campe 1996: 759-772). Natürlich sind diese drei Beteiligungen in den verschiedenen Formen des Schreibens unterschiedlich wichtig, aber sie alle sind die konstitutiven Elemente des Schreibens. Aus diesem Zusammenspiel gelingt es „dauerhafte Spuren [zu] produzieren, [die] aus körperlichen Bewegungen hervorgehen, die auf Techniken beruhen, die Wiederholungen ermöglichen und eine logische Struktur erkennen lassen" (Zanetti 2009: 75).

Schreiben ist ein Vermögen, das sich als Variable darstellt. Mit diesem Blick auf das Schreiben als ein „historisch und kulturell präfiguriertes Vermögen" stelle ich zunächst grundlegende Funktionen des Schreibens dar und schildere daran anschließend die sich aufgrund der medialen Gegebenheiten zu beobachtenden Veränderungen.

Fraglich ist, inwieweit sich damit auch die dem Vermögen innewohnenden Funktionen verändern. Im Laufe der Jahrhunderte erfuhr das Beziehungsgefüge gravierende Veränderungen. Am Augenscheinlichsten vollzieht sich das am instrumental-technischen Element, den Schreibwerkzeugen. Im Folgenden werden zunächst die Funktionen des Schreibens vorgestellt.

3.1.1 Originäre Funktionen des Schreibens

In Anlehnung an die Darstellung von Coulmas (1989) sind dem Schreiben verschiedene Funktionen immanent. Schreiben ermöglicht die Speicherung, Überlieferung und damit Akkumulation von Wissensbeständen (mnemonische Funktion). Es kann räumliche und zeitliche Distanzen überwinden (distanzeröffnende Funktion). Schreiben verleiht den Äußerungen eine fassbare Realität (materialisierende Funktion) und das Geschriebene erhält eine eigene Autorität (sozial kontrollierende Funktion). Für unterschiedlichste Leserschaften kann das Schreiben eine Grundlage zum Handeln sein (interaktionstiftende Funktion) und nicht zuletzt hat es für viele Menschen auch eine ästhetische Funktion.

Diese Aufzählung der Funktionen ist noch um zwei wesentliche zu ergänzen. Das Schreiben als monomediales Kommunikationsmittel ermöglicht es, dass die komplexe Welt in die lineare Folge eines Textes gebracht wird (Winkler 1989: 22). Die Linearität des Schreibens ermöglicht damit eine Übersichtlichkeit, Ordnung, Klarheit und Logik, in der „verschwommenen" (Winkler 1989: 27) mehrdimensionalen Wirklichkeit. Studien über die Beziehung von Schreiben und Denken weisen dem Schreiben außerdem eine epistemische Funktion zu (Molitor 1984: 8 f.).

> „Das Schreiben kann [...] eine epistemische, d. h. eine wissensentwickelnde Funktion übernehmen. ‚Epistemisches Schreiben' ist also eine Form des Weiterverarbeitens eigenen Wissens: Vom Denken als kognitivem Verfahren her betrachtet, ist das Schreiben zu einem Medium geworden, in dem sich das Denken vollzieht; vom Schreiben her betrachtet, ist dieses nicht mehr nur Instrument,

Schon-Gedachtes und Wissen zu verausgaben, sondern auch ein Instrument des Präzisierens, Erweiterns, ja des Entwickeln von Wissens." (Hartmann 2004: 25 ff.)

Diesen originären Funktionen des Schreibens wurden im Laufe der Entwicklung der Schriftmedien unterschiedlich ermöglicht. Einige Medien boten in Bezug auf manche Funktionen größere Vorteile, bzw. deckten dafür manche nur in geringem Maße ab (F. Hartmann 2002: 16). In den nachfolgenden Ausführungen wird deutlich, dass die immer bessere Erfüllung einer Funktion oft mit der Vernachlässigung, Verdrängung einer oder sogar mehrerer Funktionen einhergeht.

3.1.2 Funktionen in Folge des medialen Wandels

Seit der Einführung der elektronischen Medien vollzieht sich ein Funktionswandel. Einzelne Funktionen verändern sich lediglich qualitativ. So bieten die neuen Medien der distanzeröffnenden Funktion des Schreibens mit einer außerordentlicher Beschleunigung und globaler Verbreitung optimale Möglichkeiten. Auch die mnemonische Funktion profitiert. Die digitalen Technologien bieten Archive, die von der kognitiven Belastung des Erinnerns befreien und Raum geben zu neuem Erfinden und Projizieren (F. Hartmann, 2002: 16). Die Nutzung des Internets bietet präzisere und differenziertere Informationen und eine leichtere Verfügbarkeit. Hinsichtlich der ästhetischen Komponente kann man auch von einem Qualitätssprung sprechen, denn noch vor zwanzig Jahren gab es im Privatbereich keine solchen Gestaltungsmöglichkeiten des Schreibens wie sie heutige Text- und Grafikprogramme bieten.

Andere Funktionen hingegen werden mit dem Schreiben in elektronischen Medien verdrängt. So verliert das Schreiben seinen autoritären Charakter. Das heißt, die sozial kontrollierende Funktion, die sich zum Beispiel an festgeschriebenen wissenschaftlichen Wahrheiten verdeutlicht, lässt sich nicht einem Schreiben zuordnen, bei dem alles vorläufig ist, sich in Entwicklung befindet, dessen Flexibilität etwas Spielerisches hat. Verluste lassen sich auch im Bereich der materialisierenden Funktion ausmachen. Die Trägermedien, die eine immer kürzer werdende Haltbarkeitsdauer und damit eingeschränkte Verfügbarkeit haben, lassen die ins Schreiben gefasste Realität wieder entgleiten. Das bisher linear strukturierte Schreiben gewinnt durch hypertextuelle Möglichkeiten der Computertechnologie und seine Verknüpfungen und Einbindungen in andere Medienformen, verliert aber in diesem Ensemble seinen ordnenden, entwirrenden Charakter.

Neue Horizonte eröffnen sich für die epistemische Funktion des Schreibens. Mit multimedialen Technologien bieten sich Möglichkeiten eines „schwebenden" Schreibens (Bauer & Maier 2003: 164 ff.). Das bedeutet, dass – im Gegensatz zum vormals oft im Druck erstarrten Schreiben – nun das Schreiben jederzeit veränderbar bleibt. In ständig fluktuierendem Austausch zwischen dem Schreiber selbst und anderen Schreibern sammeln sich in dem Textgewebe Ideen, Bilder, Links, verdichten sich und lösen sich wieder auf. Die hier stattfindenden dynamischen und kreativen Schreibbewegungen sind wie ein Katalysator für die parallel stattfindenden Denkprozesse. Denkprozesse, die Wissen produzieren, welches sich wiederum in diesen Kreislauf einfügt. Die neuen Technologien verändern die Funktionen des Schreibens und sind die Basis eines neuen Schreibens, das sich der Gesellschaft anbietet.

3.2 Besonderheiten des autobiographischen Schreibens

Die wichtigste Grundvoraussetzung für das autobiographische Schreiben ist die Erinnerung (& Platen 2007: S. 9). Ohne Erinnerung kann es kein autobiographisches Schreiben geben und letztendlich auch kein autobiographisches Subjekt (vgl. ebd.). Erinnerung ist als unentbehrliche Voraussetzung zugleich die Besonderheit des autobiographischen Schreibens. Die enge Verbindung zeigt sich auch darin, wenn die Handlung des ‚sich Erinnerns' mit dem autobiographischen Schreiben gleichgesetzt wird (ebd.: 10). Diese Besonderheit, das Erinnern, ist wiederum besonders interessant, weil sie Beschränkungen unterliegt[2]. Die Grenzen der Erinnerung sind in den vergangenen Jahren intensiv und interdisziplinär erforscht wurden (Nünning 2007: 40). Diese Beschränkungen der Erinnerung sowohl der individuellen als auch kollektiven Erinnerung wirft Fragen auf. Sie hinterfragt zum Beispiel die Funktion, die das autobiographische Schreiben als ein literarisches Schreiben hat.

---

[2] Das besondere Interesse spiegelt sich z. Bsp. in der Konferenz „Grenzen der Erinnerung" des Forschungsprojekts Autobiographisches Schreiben in der deutschsprachigen Gegenwartsliteratur wieder, die vom 20. bis 24. September 2006 in Göteborg stattfand. Die hier vorgestellten wissenschaftlichen Beiträge wurden von den Herausgebern Parry & Platen im Band *Grenzen der Fiktionalität und Erinnerung* veröffentlicht.

Ich beginne mit einigen Überlegungen zum Erinnern. Was haben die neuen Erkenntnisse zu den Erinnerungsvorgängen für Auswirkungen auf das autobiographische Schreiben? Was ist dem Erinnern vorangestellt?

3.2.1 Erinnern und Gestalten

Nach Rieder ist der autobiographische Schreibprozess ein zweispuriger, der zum einen das Erinnern und zum anderen das Gestalten umfasst. Beide Spuren verlaufen „eher nebeneinander" (Rieder 2008: 79). Das liegt an ihren gegenseitigen Abhängigkeiten. Das Erinnern wird immer gestaltet und das Gestalten braucht das Erinnern.

Die Medizin erklärt das Gedächtnis mit Hilfe von optischen Verfahren. Markierungen im Hirn machen sichtbar, was und wie erinnert wird. Gezeigt werden Tatsachen, aus denen die Naturwissenschaftler Erkenntnisse gewinnen, die die Geisteswissenschaften noch zu deuten haben. Eine interdisziplinäre Einigkeit besteht bei der Erkenntnis: Erinnern ist ein konstruktiver Prozess (Nünning 2007: 40 f.). Er ist gekennzeichnet von der „fortlaufenden Umschreibung und Umdeutung von Vergangenheit" (Sandberg 2007: 72). Damit steht die Erinnerung zwischen Authentizität und Fiktionalität. Diese Zwitterstellung führt letztendlich zum Grundproblem jeglicher Forschung des autobiographischen Schreibens. Die Geschichts-, Literatur- und Sozialwissenschaft setzt sich theoretisch mit dem Auseinanderfallen der erfahrenen und konstruierten Geschichte bzw. dem Verhältnis von Text und Wirklichkeit auseinander (Wagner-Egelhaaf 2010: 188 f.). Mein Blick richtet sich auf die mögliche Gestaltung, die sich aus dem konstruktiven Charakter des Erinnerns ergibt. Das autobiographische Schreiben und sein Erinnern führt zu einer Wiederholung des in der Vergangenheit Erlebten (von Werder 2009: 14). In Anwendung des Freudschen Therapieprogramms Erinnern, Wiederholen und Durcharbeiten bleibt es aber nicht beim Heraufbeschwören vergangener Erlebnisse. Der autobiographisch Schreibende bearbeitet die erinnerte Vergangenheit, indem er sie in einen literarischen Text transformiert (ebd.: 16). Im Medium der literarischen Erzählung konstruiert er sein Selbst aus einem gegenwärtigen Verständnis. Die erlaubte Distanz ist heilsam und bewusstseinserweiternd (ebd.). Aber was ist eigentlich die Voraussetzung, um erinnern zu können?

3.2.2 Aufmerksamkeitshandeln

Der Kulturwissenschaftler Peter Matussek sagt, dass die Aufmerksamkeit das Erinnern begründet. „Aufmerksamkeit ist die geistige Hinwendung auf äußere und oder innere Vorgänge und Objekte, die wie der Wortbestandteil „Merken" bereits andeutet – konstitutiv für das Erinnern ist" (Matussek 2001: 59-60). Die Fähigkeit, seine Aufmerksamkeit zu lenken, „erzeugt das Erlebnis, dass man die Entität ist, die das kontrolliert, was Husserl einmal als den »Blickstrahl der Aufmerksamkeit« beschrieben hat. Diese Fähigkeit des Aufmerksamkeitshandelns ist eine in der „Evolution entstandene Eigenschaft des menschlichen Gehirns" (Metzinger 2012: 329). Sie ist eine begrenzte Ressource, das heißt unser Gehirn kann täglich nur eine bestimmte Menge an Informationen aufnehmen. Diese Ansicht teilen verschiedene Aufmerksamkeitstheorien, auch wenn sie voneinander abweichen (Wurzler & Stenger). Der Psychologe Welford vertritt die Theorie, dass der Kanal der Aufmerksamkeit ein sogenannter Engpass ist. Es kann immer nur ein Signal ihn zu einer Zeit passieren (Einkanaltheorie). Unterstützt wird seine Theorie durch ein Experiment. Werden zwei Reize in schneller Folge hintereinander gegeben, reagiert der Proband auf den zweiten Reiz verhältnismäßig spät. Seine Reaktion war durch den ersten Reiz gehemmt. Aber was folgt aus der begrenzten Aufmerksamkeit?

Zum einen die Tatsache, dass wir Menschen unser Selbst und die Wirklichkeit nur defizitär wahrnehmen und zum anderen resultiert daraus eine Handlungsaufforderung. Diese Handlungsaufforderung richtet sich an einen Menschen, der in der Lage ist, in Freiheit zu handeln. Sie richtet sich an den Menschen, der Antworten auf die Fragen sucht: „Wie bin ich?" und „Wie ist zu leben?" und dem es möglich ist, so oder auf eine andere Art zu leben. Wollen wir wissen, wie wir sind und ein gutes Leben führen, dann sollten wir handeln und ein Aufmerksamkeitsmanagement führen. Der Mensch ist in der Lage attentional zu agieren, das heißt er ist in der Lage „das Umschalten oder Verschieben der Aufmerksamkeit zu initiieren" (Metzinger 2012: 176). Dieses Aufmerksamkeitshandeln begründet das Gefühl ein „Selbst" zu sein. Aus dieser Handlungsfreiheit heraus hat er auch die Verantwortung für sein Aufmerksamkeitshandeln. Die Gefahr der Vereinnahmung der Aufmerksamkeit durch die Medien ist hoch und sie ist ein Tatbestand für viele Menschen. Wenn unser Gefühl vom „Selbstsein" an unser Aufmerksamkeitshandeln gebunden ist, dann ist es existenziell, unsere Aufmerksamkeit selbstbestimmt zu führen. Eine mögliche Form, die Aufmerksamkeit zu trainieren und gegen Vereinnahmung zu schützen, ist autobiographisches Schreiben.

Gerade aus der Einsicht, dass sowohl die individuelle als auch die kulturelle Erinnerung nur in Rahmen möglich sind und es Grenzen gibt, resultiert die Handlungsaufforderung, verantwortlich mit der eigenen Aufmerksamkeit umzugehen. Beim autobiographischen Schreiben richten wir unsere Aufmerksamkeit nach innen. Schreibend strukturieren und gestalteten wir die Gesamtheit unserer Erinnerungen und damit unser Selbst (Nünning 2007: 60).

Trotz noch ungedeuteter naturwissenschaftlicher Erkenntnisse über Erinnerungsvorgänge kann interdisziplinär festgehalten werden: Erinnerung ist fragmentarisch, widersprüchlich und resultiert in seiner Fehlerhaftigkeit aus den sozialen und kulturellen Rahmungen, in denen es stattfindet (ebd.: 48). Auch wenn aus dieser Konstellation das „Ich, das ja zugleich erzählendes und erzähltes Ich ist, die dargestellte Welt grundsätzlich verkennt" (Müller 1976: 226), so ist es doch dieses subjektive Wissen, das als Lebenswissen weitergegeben wird und die Dinge benennt, die für das Leben wichtig sind.

4 Autobiographisches Schreiben – ein (nach-)gefragtes Vermögen

Das autobiographische Schreiben hat sich mit seinen Möglichkeiten vorgestellt. Aber wie sieht die andere Seite des „Marktes", die Nachfrage nach diesem Angebot aus? Der Buchmarkt signalisiert ein großes Interesse. Aber was sind die Gründe der Nachfrage? Was bewegt sowohl die einzelne Person als auch die Gesellschaft nachzufragen?

4.1 Die persönliche Nachfrage

Das Gabler Wirtschaftslexikon definiert Nachfrage als „Entscheidung und Streben der Wirtschaftssubjekte, Güter i.w.S. zu erwerben". Im Deutschen Wörterbuch der Gebrüder Grimm findet sich beim Stichwort Nachfrage der Hinweis auf ein „darin sich kundgebende[s] begehren nach einer waare" (Bd. 13, Sp. 55 bis 56, Eintrag „Nachfrage"). Beiden Definitionen ist zu entnehmen, dass der Entscheidung und dem Streben etwas zu erwerben ein Bedarf bzw. Bedürfnis vorausgeht. Was heißt das nun in Bezug auf meine vorangestellten Fragen? Es sagt zunächst, dass der Entscheidung autobiographisch zu schreiben bestimmte Bedürfnisse bzw. Erwartungen vorausgehen. Bevor der Mensch seine hintergründigen Bedürfnisse erkennt, gelingt es ihm eher seine Erwartungen zu formulieren, und so konzentriere ich mich nachfolgend auf das, was erwartet wird.

Die Erwartungen sind solche, die insbesondere mit der Gattung autobiographisches Schreiben verbunden sind. Im Kapitel 2.1 „Die Formebene – Gattungstheorien und Geschichte" habe ich verschiedene „epochen"-spezifischen Erwartungen dargestellt. Diese spezifischen Erwartungen sind wiederum mit dem jeweilgen Menschenbild der Zeit verbunden. Natürlich ist das eine theoretische Aussage, denn in der Praxis findet der Leser nach wie vor eine Vielzahl autobiographischer Veröffentlichungen in hermeneutischer Form. Eine Darstellung, der ein Menschenbild zugrunde liegt, das „heute fundamental fragwürdig und obsolet geworden ist" (Waldmann 2000: 56). Viel wichtiger aber, als diese nur noch bestimmten literarischen Bereichen zuzuordnenden Erscheinungen (ebd.), ist das sich in den letzten Jahren grundlegend verändernde Bild vom Menschen (Metzinger 2012: 292). Die Frage „Was ist der Mensch?" wird von den aktuellen Erkenntnissen der Naturwissenschaft und Philosophie neu beantwortet.

„Wir sind Genkopierer, mit der Fähigkeit bewusste Selbstmodelle zu entwickeln" (ebd.: 293). Metzinger erfasst mit dieser Aussage den Kern des neuen Menschenbildes. Nach über 25 Jahrhunderten scheint klar zu sein, „dass der Mensch kein Selbst *war* oder *hatte* [Herv. d. Verf.]" (ebd.: 13). Dass es dennoch ein bewusstes subjektives Erleben gibt, liegt darin begründet, dass der Mensch von sich ein phänomenales Selbstmodell hat. Dieses Modell wird vom Gehirn aktiviert. Es ermöglicht, dass der Mensch sich selbst repräsentiert, das heißt sich wahrnimmt und als eine Ganzheit begreift (ebd.: S. 18). Aus dieser Fähigkeit heraus gelingt es ihm „mit seiner Innenwelt wie auch der äußeren Umwelt in Wechselwirkung zu treten" (ebd.: 19). Das bewusste Erleben, die Art und Weise wie uns die Welt erscheint, gleicht einem Tunnel, in dem nur ein kleiner Bruchteil dessen, was tatsächlich in der Außenwelt existiert, uns erreicht. Metzinger spricht davon, dass unser bewusstes Erleben lediglich „ein Tunnel *durch* [Herv. i. O.] die Wirklichkeit" (ebd.: 21) ist.

Was mache ich mit dem neuen Wissen darüber, dass es „kein kleines Männchen im Kopf" (ebd.: 290) gibt und „kein substanzielles Selbst, das unabhängig vom Körper existieren könnte" (ebd.: 291)? Wohin führt mich die Erkenntnis, dass die Menschen „*selbstlose* [Herv. i. O.] Ego-Maschinen" (ebd.) sind? Was bedeutet es für das autobiographische Schreiben, wenn mein Hirn lediglich ein Modell von meinem Selbst aktiviert?

4.1.1 Das phänomenale Selbst und seine Einzigartigkeit

Ich versuche als erstes die letztgenannte Frage zu beantworten. Die Bedeutung, dass nur ein Modell eines Selbst autobiographisch schreibt, erscheint gravierend. Ob in der hermeneutischen oder poststrukturalistischen Sichtweise, immer stand das „Selbst" im Mittelpunkt des autobiographischen Schreibens. Es ging um seine Darstellung oder Nichtdarstellung, um das Finden seiner Einheit oder darum, es zu konstruieren bzw. es zu dekonstruieren. Was ist daraus zu schlussfolgern? Kann es kein solches Schreiben mehr geben oder ist womöglich eine Gemeinsamkeit zwischen dem Modell von einem Selbst und einem Selbst vorhanden, die ein sinnvolles Weiterschreiben erlaubt?

Ja, es gibt eine Gemeinsamkeit. Sie besteht darin, dass es eine „prinzipielle Unableitbarkeit des Einzelnen" (Drewermann 2009: 612) gibt. Das bedeutet, die von der Wissenschaft erforschten Gesetzmäßigkeiten des Allgemeinen können nicht für den einzelnen Menschen gelten. Es kann deshalb für beide Varianten des Selbst keine allgemeingültigen wissenschaftlichen oder gesellschaftlichen Antworten auf die Fragen des Menschen, wie er ist und wie er leben sollte, geben (ebd.). Damit stellen sich auch für mein Modell von meinem Selbst die wichtigen Lebensfragen, die beantwortet werden wollen.

Der Mensch weiß, dass er ein endliches Geschöpf ist und nur eine begrenzte Zeit lebt. In dieser Zeit gilt es, sich im Leben zurechtzufinden und durchzusetzen. Wir Menschen brauchen Orientierung, um uns zurechtzufinden und Stabilität, um uns durchzusetzen. Aus dieser Motivation fragen wir: Wie bin ich? Wie will ich mein Leben führen? Wir fragen uns selbst, den Geliebten, den Nachbarn und auch die Gesellschaft. Wir sind in einem ständigen Dialog, um Antworten auf diese Fragen zu finden. Dieser Dialog richtet sich einerseits nach innen und andererseits an ein Gegenüber in der Außenwelt. Der Vorgang des Fragens und Antworten Findens ist an die Sprache gebunden. Aber warum werden diese Gespräche im Prozess des Schreibens geführt?

Diese Frage lässt sich mit dem Blick auf die Funktionen des Schreibens beantworten. Sicher hat der autobiographisch Schreibende häufig die Erwartung, die mnemonische Funktion zu nutzen. Sind es doch seine Lebenserinnerungen, die er an die nächste Generation weitergeben möchte und sie in dieser Form aufbewahrt weiß. Vielleicht ist es aber auch die mit der Linearität des Schreibens einhergehende Funktion, komplexe Sachverhalte übersichtlich zu ordnen, die er erwartet. Ich könnte noch weitere Funktionen erwähnen, aber ich habe für die nachfolgenden Erläuterungen die distanzeröffnende und die epistemische Funktion des Schreibens ausgewählt. Diese stehen für mich im direkten Zusammenhang mit der Erwartung, sich beim autobiographischen Schreiben zu orientieren und zu stabilisieren.

4.1.2 Orientieren mit der distanzeröffnenden Wirkung des Schreibens

Was heißt sich zu orientieren? Im wörtlichen Sinn, aus der Ableitung von dem Begriff Orient, heißt es, die Richtung des Sonnenaufgangs zu bestimmen. Immanuel Kant (1977) definiert: „Sich orientieren heißt, in der eigentlichen Bedeutung des Worts: aus einer gegebenen Weltgegend (in deren vier wir den Horizont einteilen) die übrigen, namentlich den Aufgang zu finden" (Kant 1977, S. 304-330). Es ist ein räumliches Zurechtfinden, auf das Kant in seinem Aufsatz „Was heißt sich im Denken zu orientieren" verweist. Das menschliche Bemühen, seinen Platz in der Welt und auch eine geistige Orientierung zu finden, ist ein räumliches Orientieren. Aber von welchem Raum wird hier gesprochen? Nach den Ausführungen im Deutschen Wörterbuch von Jakob und Wilhelm Grimm (Bd. 14, Sp. 275-284, Eintrag „Raum") ist er zu verstehen „als ein uralter Ausdruck der Ansiedler [...] der zunächst die Handlung des Rodens und Freimachens einer Wildnis für einen Siedelplatz bezeichnete [...] dann den so gewonnenen Siedelplatz selbst.". Otto Friedrich Bollnow verweist in seinem Buch „Mensch und Raum" darauf, dass so verstandener Raum nicht schon vorhanden, sondern vom Menschen erst geschaffen wird. Der Mensch schafft sich den Raum, in dem er siedeln und sich frei bewegen, ja, in dem er leben kann (Bollnow 1963: 33). In diesen Ausführungen deutet sich schon an, dass das Verständnis vom Raum zwei Seiten hat, die nicht voneinander zu trennen sind (vgl. ebd., S. 18). Einerseits zeigt sich der Raum als materieller Begriff, es ist der in der Wirklichkeit vorhandene Raum, „wie er für den Menschen da ist" (ebd., S. 18). Die andere Seite ist das transzendentale Verständnis. Dieses Verständnis meint „das menschliche Verhältnis zu diesem Raum" (ebd.: 18) oder anders gesagt, es ist „das von innen her entworfene Verhältnis zur Welt"(ebd.: 212). Wenn ich im Folgenden davon spreche, dass der autobiographisch Schreibende das Bedürfnis hat sich zu orientieren, meine ich sein Bedürfnis nach Entwürfen, in denen er sich zur Welt verhalten kann.

Die distanzeröffnende Funktion des Schreibens weist im ursprünglichen Verständnis auf eine von Raum und Zeit unabhängige Kommunikation hin. Der Schreibende und der Leser sind nicht auf eine gleichzeitige und örtliche Anwesenheit angewiesen, um kommunizieren zu können. In Bezug auf das autobiographische Schreiben kann sie noch weitergehend gedeutet werden. Für den Schreibenden ist es eine Möglichkeit sich in der Realität und in der vergangenen Zeit erleben zu können. In dieser erlebten Zweizeitigkeit vergegenwärtigt er sich in der Vergangenheit Erlebtes. Diesen Vorgang der Vergegenwärtigung kann er gestalten. Der Gestaltungsraum erwächst ihm aus der Unterscheidung von erinnertem Ich und erinnerndem Ich. Der Schreibende hat Handlungsalternativen. Er kann aus verschiedenen Perspektiven auf das erinnerte Ich blicken. Er kann auswählen aus seinen Erinnerungen, Erinnertes konstruieren oder verschweigen. Die Distanznahme zur Realität gibt ihm Raum. Dieser Raum ist der Handlungsraum, der sich auf zwei Seiten verteilt (ebd.: 212). Zum einen ist es der Raum, der objektiv in der Welt vorhanden ist, und zum anderen ist es der Spielraum seines Verhaltens. In diesem Raum kann er eine beobachtende, kritische Haltung einnehmen. Aus dieser Haltung kann er im nächsten Schreibprozess Geschriebenes verändern, streichen oder neuschreiben. Auf diese Weise kann er sein Verhältnis zu sich und der Welt immer wieder neu entwerfen.

Es ist eine Möglichkeit, um immer wieder aufs Neue ein Kohärenzgefühl zu erzeugen. Ein Kohärenzgefühl, das sich im lebenswichtigen Modell von seinem Selbst wiederfindet. Es ist lebenswichtig, weil erst dadurch ein Ich-Gefühl, ein subjektives Erleben und ein kritischer Verstand möglich sind (Metzinger 2012a).

4.1.3 Stabilisieren mit der epistemischen Schreibfunktion

Die epistemische Funktion des Schreibens lenkt den Blick auf den Wissenschaftsbereich. Im Zusammenhang mit dem autobiographischen Schreiben nutze ich den Begriff epistemisch im Sinne seiner griechischen Sprachwurzel epistéme = Verstehen, Erkennen. Es geht um das Erkennen meines Selbst bzw. meines phänomenalen Modells vom Selbst. „Nim din selbes war" (Eckhardt: 240). Hat diese Aufforderung zur Selbsterkenntnis des Mystikers Meister Eckhard auch im 21. Jahrhundert noch eine Bedeutung? Ich denke, dass dieser Aufforderung gerade in unserer Zeit eine besondere Bedeutung zukommt. Dabei liegt der Schwerpunkt der Aussage für mich auf der hier geforderten Wahrnehmung und der mit ihr eng verbundenen Aufmerksamkeit (Hagendorf, Krummenacher, Müller & Schubert 2011: 8). Eine Aufmerksamkeit, die auf das Selbst bzw. nunmehr auf das Modell von unserem Selbst gerichtet werden soll. Die gerichtete Aufmerksamkeit, die Erfahrung meine Aufmerksamkeit zu handhaben, stabilisiert mein Selbstmodell bzw. mein Ichgefühl (Metzinger 2012: 177). Diese Stabilität verhindert die „'Geiselnahmen' durch die vielen Handlungsangebote, die uns alle ständig umgeben" (ebd.: 175). Diese Aufmerksamkeit bewahrt unsere Autonomie.

Ich möchte noch auf einen anderen Aspekt hinweisen. Die gerichtete Aufmerksamkeit ist auch ein Spüren. Für das autobiographische Schreiben bedeutet das: „Wie nah mein eigener Vergangenheitsentwurf an die mir eigene Wirklichkeit herankommt oder wie konstruiert und künstlich er bleibt, entscheidet sich nicht nur durch das dabei erreichte Maß an Treue zu beobachtbaren Fakten der Vergangenheit, sondern auch durch die Deutlichkeit im eigenen stellungnehmenden Spüren" (Pothast 1992: 177 f.). Hier wird von einem Spüren gesprochen, das eine innere Haltung und daraus folgende innerliche Legitimation des Erzählten meint. Der Schreibende geht beim schriftlichen Erzählen einer Spur nach. Er findet beim Schreiben Spuren von Bedeutungen, die die geschriebenen Wörter haben, die etwas von der eigenen Vergangenheit zeigen, aber die auch durch ihre eigene Geschichte geprägt sind. Der Schreibende geht diesen Spuren nach und erkennt Zusammenhänge. Zusammenhänge, die Dinge begründen, die ihn und seine Absichten und sein Handeln bestätigen. Es sind Erkenntnisse, die er für wahr hält und nach denen er sich wiederum ausrichtet. Dieser Prozess wird von einem stellungnehmenden Spüren begleitet, das erlaubt, genau so und nicht anders zu erzählen. Es ist eine Erlaubnis, die Selbstliebe genannt werden kann (Thomä 2007: 264).

Die persönliche Nachfrage wird bestimmt durch die Erwartungen, die mit dem autobiographischen Schreiben verbunden sind. Der Mensch in seiner Endlichkeit ist auf der Suche nach einer Orientierung und Stabilität. Die distanzeröffnende und epistemische Funktion des Schreibens kann diesen Erwartungen gerecht werden. Die distanzeröffnende Wirkung gibt dem Schreibenden einen Raum. Einen Raum, in dem er aus verschiedenen Perspektiven die eigene Position besser betrachten und in dem er sich und sein Verhältnis zur Welt entwerfen kann.

Die epistemische Funktion ermöglicht das Erkennen des Selbst bzw. des phänomenalen Selbst. Das Erkennen erfordert die gerichtete Aufmerksamkeit. Das Aufmerksamkeitshandeln stabilisiert und stärkt unser Ichgefühl. Außerdem spüre ich, ob ich mich „durch potenzielle Zielzustände in der Umwelt infiziert" (Metzinger 2010: 175) habe oder ob ich meinem Selbstmodell „treu" bleibe. Die Treue zahlt sich aus. Ich kann zwischen Handlungsmöglichkeiten wählen, meine Aufmerksamkeit richten und erweitere damit mein Bewusstsein, d. h. meinen Ego-Tunnel (ebd.: 336) und erfahre Selbstliebe.

4.1.4 Exkurs: Mein autobiographisches Schreiben

Jegliche Ausführungen zu den Funktionen, die mit dem literarischen Schreiben verbunden sind, sind hypothetisch und so bleiben die Gründe ebenso unbestimmt. Für den Einzelnen bzw. für ein jedes Modell des Selbst sind wissenschaftliche Gründe aus der Feststellung „De individuis non est scientia" sowieso nicht zu bekommen. Damit wird jeder Mensch seine eigenen Gründe haben, um autobiographisches Schreiben nachzufragen.

Die Frage, was mich bewegt autobiographisch zu schreiben kann ich nur „epochenspezifisch" beantworten. Meine Aufzeichnungen aus der Kindheit, das Schreiben als Jugendliche, die im Erwachsenendasein im Vorübergehen notierten Gedanken – jede Reflexion des Selbst hat im jeweiligen Lebensabschnitt spezifische Gründe und Besonderheiten. Stets aber ist mein autobiographisches Schreiben auch eine Suche nach Wahrheit. Eine Wahrheit, die mich weiterführt und mir Antworten darauf gibt, wer ich bin und wie zu Leben ist. Als schreibender Erwachsener mache ich die Erfahrung, dass mein Vermögen, die Aufmerksamkeit auf das eigene phänomenale Selbst zu richten, mich alles Lebenswichtige lehrt.

Beim Schreiben der Worte, die immer wieder auf etwas Vorgängiges verweisen, spüre ich den Rhythmus des Lebens von Werden und Vergehen. In diesen Rhythmus kann ich mich einfügen und geborgen fühlen. Ein Rhythmus, der sich wiederfindet im Auf und Ab des Stiftes, des leichten Widerstandes der Computertastatur. Es ist eine Bewegung, die in Bewegung setzt, die erinnert, die zur Sprache kommen lässt, die aus dem Erinnerten auswählt in einem liebevollen Verhältnis zu sich selbst. Ich kann meinen Ego-Tunnel nicht verlassen, aber lese aus der Distanz die Schatten, die sich an der Tunnelwand meines Bewusstseins abzeichnen wie Spuren. Es ist ein Erkennen von etwas, das, wenn es sich nicht in einer mystische Sprache schreibt, in die Metapher ausweicht um das eigentlich Unsagbare zu formulieren. Ich schreibe, um Wurzeln und Flügel spüren.

4.2 Die gesellschaftliche Nachfrage

Welche Gründe einer Nachfrage der Gesellschaft nach autobiographischem Schreiben sollte es geben? Um diese Frage zu beantworten skizziere ich zunächst meine Sicht auf die Gesellschaft des 21. Jahrhunderts. Ich stelle sie als moderne Wissensgesellschaft dar und zeige die ihr immanenten Bedürfnisse.

4.2.1 Moderne Wissensgesellschaft

Wir befinden uns im Übergang zu einer modernen Wissensgesellschaft (Reinecke 2010). Ohne auf die vielfältigen Dimensionen dieses Begriffs einzugehen, wird hier in der vorliegenden Ausführungen eine systemtheoretische Auslegung verwandt, die diese gesellschaftliche Veränderung „vor der Folie des Wandels in den Produktionsprozessen und ihrer Organisationen" (Hartmann 2002: 7) interpretiert. Wissensgesellschaft ist demnach eine Gesellschaft, in der Wissen nicht nur „ein konstitutives Merkmal für moderne Ökonomie und Produktionsprozesse und -beziehungen ist, sondern insgesamt zum Organisationsprinzip und zur Problemquelle der modernen Gesellschaft wird" (Stehr 2001: 7).

Was ist darunter zu verstehen, dass Wissen als Organisationsprinzip fungiert? Wissen als Organisationsprinzip bedeutet, dass die gesellschaftliche Struktur danach ausgerichtet wird, Wissen zu produzieren und es zu nutzen (ebd.: 10). Konkret bedeutet das, das Wissen zum entscheidenden Produktionsfaktor wird. Wirtschaftswachstum ist aufgrund der Knappheit der Ressourcen nur über die Anwendung neuer technischer Methoden und intelligenterer Problemlösungen im Lebenszyklus von Produkten zu bekommen. Das macht es erforderlich, wissensbasierte Produktionsstrukturen zu schaffen. Grundlage dafür ist wiederum ein Wissensmanagement, das eine systematische Generierung und Nutzung des Wissens einer Gesellschaft ermöglicht. Einen entscheidenden Anteil an der Entwicklung von Wissen haben Medien. Die neuen Informations- und Medientechnologien bieten ein großes Potential an Auseinandersetzung, Sammlung und Organisation von Wissen. Die Aufgabe der modernen Wissensgesellschaft besteht darin, dieses Potential zu nutzen.

Wissen als Organisationsprinzip verdeutlicht die Aufgaben der modernen Wissensgesellschaft: organisierte Generierung und Nutzung von Wissen. Aber wie kann es sein, das Wissen zur Problemquelle der Gesellschaft wird?

Die auf digitalen Medien basierende Kommunikation ermöglicht eine Wissensverteilung, die dem Einzelnen einen vermehrten Zugang zum Wissen ermöglicht. Wissen verstanden als Zunahme von Handlungsmöglichkeiten jedes Einzelnen (Stehr: 7) birgt gesellschaftspolitische Probleme und führt zur „Zerbrechlichkeit sozialer Strukturen" (ebd.: 138). Gesellschaftspolitische Probleme entstehen zum Beispiel dadurch, dass soziales Verhalten nicht mehr in bisher vertrautem Maße von administrativen staatlichen Institutionen manipuliert und kontrolliert werden kann. Das zunehmende und über die Medien für jeden schnell verfügbare Wissen stärkt die Selbstbestimmtheit des Einzelnen. Das mit Wissen bereicherte Individuum ist widerständiger und artikuliert eigenen politischen Willen. Sowohl staatliche Machtinstrumente als auch Experten und ihr Fachwissen verlieren an Macht. Dieser Machtverlust bricht vertraute soziale Strukturen auf. Das bedeutet Unsicherheit für den Einzelnen und die Gesellschaft.

Aber nicht nur die Unsicherheit aufgrund des Verlustes von sozialen Strukturen ist ein Problem. Auch die Tatsache, dass Wissen eine ‚flüchtige' Größe ist, es nicht als ein für alle Mal als gegeben unterstellt werden kann, macht Angst. Immer wieder ist ein enttäuschungs- und lernbereiter Umgang mit den eigenen Erwartungen gefordert (Luhmann 1994: 138). Willke spricht davon, dass Wissen „einem Prozess der kontinuierlichen Revision unterworfen" (Wilke 1998: 355) ist. Wie ist mit diesem „Paradox der Wissensgesellschaft" (Heidenreich 2000: 107), der geforderten Zunahme von Wissen und gleichzeitigen Zunahme von Unsicherheiten und Ängsten umzugehen? Was muss für eine mögliche Zukunft der Gesellschaft unternommen werden? Wie ist dieser Konflikt zu lösen?

In Politik und Wirtschaft ist man sich einig: Der Weg führt über Investitionen in die Bildung. So will die Bundesregierung Deutschland zur Bildungsrepublik machen. Bund und Länder haben gemeinsam die „Qualifizierungsinitiative für Deutschland – Aufstieg durch Bildung" auf den Weg gebracht. Aber worauf ist die Bildung in einer Wissenschaftsgesellschaft auszurichten? Dient Bildung nur zur Entwicklung von Wissen, um Wirtschaftswachstum zu erlangen? Welche Art von Wissen braucht die Gesellschaft und jeder einzelne Mensch, um den zunehmenden sozialen Unsicherheiten zu begegnen und ein erfülltes Leben zu führen?

4.2.2 Schlüsselkompetenzen – reflexives Denken und Handeln

Die internationale Organisation für wirtschaftliche Zusammenarbeit und Entwicklung (OECD) stellt sich den Problemen. Ende 1997 startete sie das DeSeCo-Projekt, um Zielsetzungen für Bildungssysteme und lebenslanges Lernen festzulegen, die den Anforderungen der Wissensgesellschaft genügen. Die Frage, welche Schlüsselkompetenzen notwendig sind um ein erfolgreiches Leben zu führen und den Anforderungen einer gut funktionierenden Gesellschaft gerecht zu werden, wurde mit Blick auf eine globalisierte und komplexe Wirtschafts- und Arbeitswelt beantwortet.

Es wurden drei Kategorien von Schlüsselkompetenzen bestimmt, denen ein Kompetenzbegriff zugrunde lag, der gleichermaßen „Wissen, Fertigkeiten, Einstellungen und Wertevorstellungen umfasst" (OECD 2005). Die erste Kompetenzkategorie bezieht sich auf den im Zuge des technologischen Fortschritts veränderten Umgang mit Medien in einer globalisierten Welt. Es geht um die Befähigung zur interaktiven Anwendung von Medien und Mitteln, um diese vernetzte Welt wahrnehmen zu können und sich in ihr zu positionieren. Diese Schlüsselkompetenz erfasst speziell die effektive Anwendung von mündlichen und schriftlichen Sprachkenntnissen als ein unverzichtbares Werkzeug für eine Teilhabe am gesellschaftlichen Leben. Der eigentliche Kern dieser Schlüsselkompetenz liegt in der Fähigkeit reflexiv zu denken und zu handeln. Voraussetzung dafür sind „die Anwendung metakognitiver Fähigkeiten (Denken über das Denken), Kreativität und eine kritische Haltung" (Stehr 2001: 7).

Im Folgenden werden Überlegungen zu einer Operationalisierung dieser Schlüsselkompetenz angestellt. Auf welche Art und Weise können diese Kenntnisse und Fähigkeiten, die von der Wissensgesellschaft gefordert werden, erlangt werden?

Das oben genannte DeSeCo-Projekt schuf die Grundlagen für die PISA-Studie, eine internationale Vergleichsstudie für Bildungssysteme und ihren Output an Kompetenzen. Die schlechten Ergebnisse der ersten PISA-Studie 2001 führten zu einem Boom an Maßnahmen in der deutschen Bildungspolitik. Bundes- und landesweite Reformen folgten. Die Reformen beziehen sich auf alle Bildungsbereiche, von der frühkindlichen Bildung über die allgemeinbildenden und beruflichen Schulen bis hin zur Hochschulbildung. Anfang 2011 konnte das Bundesministerium in Auswertung der PISA-Ergebnisse vermelden, dass es signifikante Verbesserungen im Kompetenzbereich der Beherrschung von Sprache und Schrift gibt. Ohne das Ergebnis der PISA-Studie, der ein einseitig auf Funktionalität ausgerichtete Bildungsverständnis zugrunde liegt (Raidt 2010: 13 f.), überzubewerten, hat die Studie eine Katalysatorfunktion in der deutschen Bildungspolitik. Auf dem Qualifizierungsgipfel am 22. Oktober 2008 wurde beschlossen, dass der Anteil von Bildung und Forschung am Bruttoinlandsprodukt bis 2015 auf zehn Prozent gesteigert werden soll (BMBF 2008). Wenn auch der kausale Zusammenhang von Investition in Bildung und Kompetenzerwerb ein Mythos ist (Weiß 2002: 184), so kann diese reformierte Bildungspolitik dennoch als Steuerinstrument dienen. Ein Steuerinstrument, das die Voraussetzungen schafft, um den Erwerb der Schlüsselqualifikation, reflexives Denken und Handeln, zu ermöglichen. Ein Steuerinstrument, das in einem Bildungskonzept das Schreiben und seine Funktionen als Verkörperung der angestrebten Schlüsselqualifikation erfasst und in konkreten Aktivitäten fördert und entwickelt.

Die Wissensgesellschaft fordert die Befähigung zur Reflexivität. Konkret richtet sie ihre Nachfrage nach einem Schreibvermögen und seiner Funktion, Wissen zu generieren, aus. Wie kann diese Nachfrage befriedigt werden? Es muss sowohl in den grundständigen Ausbildungseinrichtungen als auch in den verschiedensten Weiterbildungsformen, die aufgrund des technologischen und strukturellen Wandels erforderlich sind, entwickelt werden. Aber wie?

Autobiographisches Schreiben mit seinen Wirkungen ist ein Angebot. Diese wurden im Kapitel ‚Das Angebot des autobiographischen Schreibens' ausführlich dargestellt.

Die zentralen Aufgaben der Wissensgesellschaft sind es zum einen, die Voraussetzungen zu schaffen, dass sich Wissen als Organisationsprinzip unter optimaler Nutzung der medialen Gegebenheiten entfalten kann und zum anderen, das Risiko der emanzipatorischen Rolle des Wissenspotentials und der damit verbundenen Unsicherheit zu begrenzen. Mit dem DeSeCo-Projekt wurden Zielsetzungen für Bildungssysteme und lebenslanges Lernen festgelegt, die den Anforderungen der Wissensgesellschaft genügen. Es wurden Schlüsselkompetenzen erarbeitet. Kompetenzen, die den Menschen befähigen, Wissen zu generieren und mit der damit einhergehenden Unsicherheit umgehen zu können. Schreiben und reflexives Denken sind Qualifikationen, die notwendig sind. Eine Möglichkeit, diese Fähigkeiten zu erwerben, ist das autobiographische Schreiben. Mit seinen Wirkungen bietet es sich der Gesellschaft an.

Ist damit das Problem der modernen Wissensgesellschaft theoretisch gelöst? Nein, denn bisher wurde die Frage, welches Wissen planvoll generiert und genutzt werden soll, noch nicht gestellt und bedacht. Diese Frage ist aber entscheidend, wenn es um das Wie einer Zukunft unserer Gesellschaft geht (Weigel 2010: 157).

Die Frage nach der Art des Wissens erfordert zunächst eine Festlegung des hier verwandten Begriffs von Wissen. Im Folgenden soll lediglich von der grundlegendsten aller Anforderungen, die an Wissen gerichtet werden muss, ausgegangen werden: Von Wissen kann gesprochen werden, wenn „es sich um begründete Aussagen handelt, die ein bestimmtes Prüfverfahren durchlaufen haben." (G. Schreyögg & D. Geiger 2001). Nach dem Philosophen und Literaturtheoretiker Lyotard kann man das Wissen einer Gesellschaft in ein wissenschaftliches und in ein narratives unterteilen (Lyotard 1999: 30). Während das wissenschaftliche Wissen dem Anspruch an Objektivität und Wahrheit verpflichtet ist, liegt der Schwerpunkt des narrativen Wissens, das auch als Erfahrungswissen bezeichnet werden kann, auf seinen subjektiven Anteilen (Fahrenwald 2005: 57 f.). Anders ausgedrückt steht das wissenschaftliche Wissen für die Repräsentation einer Wirklichkeit und das Erfahrungswissen für eine Konstruktion derselben (ebd.: 43 f.). Diese zwei Seiten des Wissens sollen zur Auswahl stehen für die Beantwortung der Frage, um welches zu schaffende und zu nutzende Wissen es geht.

4.2.3 Nachhaltigkeit

Wie sollen wir leben, damit wir auch in Zukunft leben können. Die sokratische Frage, wie zu leben sei, hat sich die einzelne Person gestellt, deren Lebensdauer begrenzt ist. Der nachgestellte Halbsatz erweitert den Fragehorizont auf eine unbestimmte Zeit. Eine Spezifizierung der Frage, die über das einzelne Leben hinausgreift – denn gesucht ist die Maxime unseres Handelns als Menschengemeinschaft. Es ist die Frage danach, wie wir überleben können und mit welcher Lebensqualität. Der Club of Rome hat sich dieser Frage angenommen. Persönlichkeiten aus Politik, Wirtschaft, Wissenschaft und Kultur aus allen Regionen der Erde engagieren sich im Club. Die Leitidee ist es, eine nachhaltige Entwicklung zu begleiten, „die die Bedürfnisse der heutigen wie auch der künftigen Generationen an den begrenzten Ressourcen sowie der begrenzten Belastbarkeit unserer Ökosysteme orientiert" (Club of Rome). Das Anliegen ist „ Systeme und Prozesse im Sinne einer nachhaltigen Entwicklung zu gestalten und dazu an[zu]regen, dass jede und jeder Einzelne im eigenen Umfeld damit beginnt" (ebd.).

Gleich zweimal wird das Wort ‚nachhaltig' in der Leitidee des Clubs formuliert und signalisiert, dass wir nur überleben können, wenn wir nachhaltiger wirtschaften. Was ist damit gemeint? Rein begrifflich setzt „Nachhaltigkeit" schon einen Langzeitbezug voraus. Dieser zeitliche Bezug bindet sich an die Generationen (Weigel 2010: 154). Thomas Jefferson, der hauptsächliche Verfasser der amerikanischen Unabhängigkeitserklärung und dritte Präsident der Vereinigten Staaten, entwickelte ein Schuldenprinzip, das auf den biblischen Psalmworten fußt: „Wir sind nur Gast auf dieser Erde" (Psalm 119 Vers 19). Er formulierte in einem Brief an seinen Schwiegersohn: „Jede Generation hat die Nutznießung der Erde während ihres Bestehens. Wenn sie aufhört zu existieren, geht die Nutznießung auf die nachfolgende Generation über, frei und ohne Verpflichtung, von einer Generation zur anderen für immer." Diese Regelung betraf zwar explizit die Schuldenpolitik des beginnenden 19. Jahrhunderts, aber zeigt deutlich die Verantwortung für die nachfolgenden Generationen (Weigel 2010: 154). Diese Haltung, für die Nachfolgenden und ihrer Lebensmöglichkeiten verantwortlich sein zu wollen, prägt als Richtschnur seit den vergangen drei Jahrzehnten die internationale Politik (ebd.). Mit dem Blick in die Zukunft verbinden sich Unwägbarkeiten. Wer sind diese nachfolgenden Generationen eigentlich und was werden ihre Bedürfnisse sein? Ist diese Politik der Nachhaltigkeit und „auf Zukunft gestellte Praxis des Erbens" (ebd.) wegen dieser ungenauen verschwommenen Zukunftsüberlegungen vielleicht nur eine Farce?

4.2.4 Spurenlesen und die neue Generation erwarten

Eine andere Möglichkeit, für die Gesellschaft politisch nachhaltig zu handeln, ergibt sich aus einem Perspektivwechsel. Ich folge den Gedanken Walter Benjamins in seinen 1940 geschriebenen geschichtsphilosophischen Thesen *Über den Begriff der Geschichte* (Benjamin 2010) und richte den Blick nicht in die Zukunft, sondern zurück auf die vorausgegangenen Generationen. Mit dieser Sicht und der Annahme eines Generationenverhältnisses, das von Hoffnung auf Frieden, Freiheit und Erlösung geprägt ist (Weigel 2006: 138), ergibt sich eine Verantwortung. Wir sind von unseren Vorfahren „auf der Erde erwartet worden" (Benjamin 1980: 694) und uns ist eine *„schwache* [Herv. i. O.] messianische Kraft mitgegeben, an welchem die Vergangenheit Anspruch hat" (ebd.). Benjamins Äußerung geht auf eine biblische Vorstellung von „Schuld und Erlösungshoffnung" (Weigel 2008: 138) zurück. Ich denke, das Gesagte ist mit Blick auf das aktuelle politische Tagesgeschehen auch aus atheistischer Sicht verständlich. Immer noch kämpfen Menschen für ihre Freiheit und ein gerechteres Leben. Es ist ein generationsübergreifender langwieriger Kampf. Die Hoffnung auf das Ziel wird an die nachfolgenden Generationen übertragen. Das setzt eine Kommunikation voraus. Ist diese nicht mehr auf einem direkten Weg möglich, orientieren wir uns an den hinterlassenen Spuren. Diese Spuren sind von uns, die wir erwartet worden sind, zu lesen und wiederum weiterzuschreiben. In dieser Verantwortung stehen wir Menschen der modernen Wissensgesellschaft gegenüber den Vorangegangenen. Daraus ergeben sich die Maximen für unser Handeln.

Und wohin führen diese Ausführungen zum nachhaltigen Handeln und der auf die Vergangenheit gerichtete Blick? Beantwortet das schon die Frage nach der Qualität des zu schaffenden und zu nutzenden Wissens?

Nein, aber es leitet die Antwort ein. Die Frage, wie eine Gesellschaft leben soll, damit sie auch in Zukunft leben kann, wurde zunächst an den Begriff der Nachhaltigkeit gebunden. Daraus erwuchs der Gedanke, für die Nachfolgenden und ihre Lebensmöglichkeiten verantwortlich sein zu wollen. Aber der Blick nach vorn, in eine unbestimmte Zukunft, macht skeptisch und auch die Absichten der Nachhaltigkeit fragwürdig. Der Blick in die Vergangenheit stellt unser Handeln in einen anderen Zusammenhang. Wir sind aus dem Wirken, dem Hoffen unserer vorgängigen Generation für nachhaltiges Handeln verantwortlich. Das Wissen, wie zu handeln ist, beziehen wir aus der Vergangenheit bzw. aus den Spuren von Vorangegangenem.

Damit ist das Woher des Wissens, auch wenn es noch sehr theoretisch klingt, geklärt. Weiterhin unbeantwortet aber ist die Frage: „Welches Wissen ist in der Lage, den Anforderungen von Bestandssicherung und Lebensqualität zu genügen" (Weigel 2010: 154)?

4.2.5 Erfahrung

„Befrage die Erfahrung ... " fordert Luther Erasmus von Rotterdam in seiner Streitschrift „De servo arbitrio" (1525) auf. Obgleich Luthers Aufforderung und sein Erfahrungsbegriff immer in Bezug auf die biblische Schriftauslegung zu verstehen ist (Ebeling 1983: 71 ff.), gibt sie doch einen allgemeingültigen wichtigen Hinweis. Die Menschheit und mit ihr der einzelne Mensch, der vor seinen Lebensaufgaben und der Frage nach dem Wie einer zu gestaltenden Zukunft steht, kann eine mögliche Antwort in der Befragung der Erfahrung finden. Erfahrung nicht nur verstanden im empirischen oder psychologischen Sinn, sondern als Begriff, wo die Reflexion eine innere Bedingung der Erinnerung ist (Haas 1979: 154). Helmut Ogiermann definiert Erfahrung als „unmittelbar hinnehmender Realbezug" (Ogiermann 1962: 482 f.). In dieser Definition ist der Gedanke enthalten, dass „es keine Erfahrung gibt, in der nicht etwas als etwas erfahren wird" (Haas 1979: 154). Das bedeutet wiederum, dass es keine 'unreflektierte' Erfahrung gibt. Erfahrung verlangt nach weitergehenden reflektierenden Gedanken und das Nachsinnen (die Reflexion) bezieht sich zurück auf die zu reflektierende Erfahrung (Splett 1973: 36 f.).

Dieser Satz ist für die meisten Menschen eine Herausforderung, entweder ihren Kopf zu schütteln oder sich ganz auf ihn einzulassen, um Wesentliches zu erfassen. Erfahrung ist das Wissen, welches die Menschen schon seit Jahrhunderten durch die Menschheitsgeschichte führt. Es ist das von Generation zu Generation narrativ, in mündlicher und schriftlicher Form, weitergegebene und immer wieder neu reflektierte Wissen. Es ist das Wissen der kollektiven Gemeinschaft, in das sich das Wissen des einzelnen Menschen einfügt und wiederum Teil des kollektiven Wissens wird.

4.2.6 Überlieferung und das Recht am Text mitzuschreiben

Endlich haben wir eine Antwort. Erfahrungswissen ist das zu schaffende und zu nutzende Wissen, das uns nachhaltig handeln und leben lässt. Nun ist die Frage nach seinem Transfer zu stellen. Bisher haben wir gesagt, dass das Wissen aus der Vergangenheit kommt bzw. in den Spuren von Vorangegangenem zu finden ist. Diese sehr theoretische Aussage wird im nachfolgenden konkretisiert. Wir richten die Aufmerksamkeit auf den Akt der Weitergabe, der Überlieferung der Erfahrung.

Der Historiker und Psychoanalytiker Jaques Hassoun hat eine beachtenswerte Überlieferungstheorie. Er beschreibt in seinem gleichnamigen Buch die Wege der Übermittlung der Erfahrung als „Schmuggelpfade der Erinnerung" (Hassoun 1994). Damit verweist er auf den aktiven Vorgang beim Übermitteln. Im Mittelpunkt des Vorgangs stehen „Verhandlungen und Entscheidungen über die Momente von Diskontinuität ebenso wie über das, was nicht nur übergeben, sondern auch angenommen und anerkannt wird" (Weigel 2008: 82).

Hassouns Schwerpunkt der Betrachtung des Vorgangs liegt auf der Überlieferung kultureller Fertigkeiten (ebd.). Eine in diesem Sinne verstandene Überlieferung von Erfahrung ermöglicht die für das zukünftige Leben erforderliche Bestandssicherung. Denn: „Die richtig verstandene Überlieferung setzt das Recht des Fiktiven ein und sorgt dafür, dass jede und jeder, in jeder Generation, sich aufgerufen fühlt, aufgrund des ersten Textes Varianten einzubringen" (Hassoun 2003: 91). Der Aufruf an einen Jeden von uns am Text mitzuschreiben, ermöglicht die aktive Weitergabe von Erfahrungen.

Die Frage, welches Wissen bestandssichernd ist und ein glückliches Leben ermöglicht, habe ich mit dem Erfahrungswissen beantwortet. Die Erfahrung ist die qualitative Seite des Wissens, die uns Antworten darauf gibt, wie denn in Zukunft zu leben sei. Es ist ein reflexives Wissen, das an den Vorgang der Weitergabe gebunden ist. Die Überlieferung des Wissens wurde als eine kulturelle Fähigkeit verstanden, die Übersetzungen und Kommentierung einschließt und ein immer wieder Lesen und Schreiben fordert (Weigel 2008: 83).

Die als politische Leitidee geforderte Nachhaltigkeit unseres Handelns muss ergänzt werden durch die Prägung der Erfahrung (Weigel 2010: 157). Aber welche Möglichkeiten gibt es, Erfahrungen zu machen und dieses reflektierte Wissen zu erlangen?

4.2.7 Erfahrungen und Lebenswissen

Walter Benjamin hat 1933 in seinem Essay *Erfahrung und Armut* für die Generation des 1. Weltkriegs ein Defizit an Erfahrung bzw. die Möglichkeit Erfahrungen zu machen festgestellt: „Arm sind wir geworden. Ein Stück des Menschheitserbes nach dem anderen haben wir dahingegeben, oft um ein Hundertstel des Wertes im Leihhaus hinterlegen müssen, um die kleine Münze des ‚Aktuellen' dafür vorgestreckt zu bekommen. In der Tür steht die Wirtschaftskrise, hinter ihr ein Schatten, der kommende Krieg" (Benjamin 1980: 219). Auch in der modernen Wissensgesellschaft ist es, wenn auch aus anderen Gründen, schwieriger geworden, Erfahrungen zu machen. Problematisch sind zum Beispiel die in der heutigen Zeit durch die Medien vervielfachten Angebote an Erlebnissen. Sie können vom Einzelnen nur ungenügend narrativ formuliert und so in eigene Erfahrungen transformiert werden (Krämer: 2011). Außerdem werden die im Laufe des Lebens gesammelten Erfahrungen durch die rasanten Entwicklungen der Technik häufig unbrauchbar (Assheuer 2012).

Was machen wir mit diesen Erfahrungsdefiziten? Woher bekommen wir unser reflektiertes Wissen?

Bevor ich mich der Beantwortung dieser Frage zuwende, möchte ich in Bezug auf diese Überlegungen einen wichtigen Begriff einführen. In den Ausführungen zum Wissen, das die moderne Wissensgesellschaft nachfragt, wurde auf die zwei Seiten von Wissen verwiesen. Auf der einen Seite steht das wissenschaftliche Wissen und auf der anderen Seite das Erfahrungswissen, das wir brauchen, um nachhaltig handeln zu können. Ich habe in der wissenschaftlichen Literatur einen Begriff gefunden, der die beiden Seiten des Wissens umfasst. Es ist das Lebenswissen.

Der Literaturwissenschaftler Ottmar Ette prägt den bisher von den Biowissenschaften verwandten Begriff neu. Er erweitert ihn ausgehend von der „komplexen Beziehung zwischen den beiden semantischen Feldern des Kompositums" (Ette 2010, S. 16 f.) und versteht Lebenswissen als ein Wissen vom Leben, welches sich der Mensch in seinem Lebensvollzug aneignet. Dieses Wissen wird von ihm ständig angepasst und weiterentwickelt. Dabei kann das Lebenswissen „nicht nur durch konkrete Erfahrungen in unmittelbaren Lebenskontexten, sondern auch durch die Produktion und Rezeption symbolischer Güter, durch die unterschiedlichsten Aneignungsformen von Kunst und Literatur gewonnen" (ebd. 2004, S. 12) werden. Ette spricht von einer doppelten Zirkulation des Wissens. Er meint dabei den gegenseitigen Austausch von Leben und Wissen und „die Zirkulation des Wissens auf fächerübergreifender Ebene" (ebd., S. 17), konkret zwischen den natur- oder kulturwissenschaftlichen Fachrichtungen. Aus seiner Sicht kommt bei diesem wechselseitigen Austausch auf beiden Ebenen den literarischen Texten eine herausragende Bedeutung zu. Ette sieht in der Literatur und ihren differenten Schreibformen „ein sich wandelndes und zugleich interaktives Speichermedium von Lebenswissen" (Ette 2010: 13). Der literarische Text ist hier, ob beim Schreiben oder Lesen, ein Raum, in dem Erfahrungen gemacht werden können. Ein Raum, in dem Lebenswissen generiert wird (ebd.: 18).

Das literarische Schreiben ermöglicht uns das Defizit an Erfahrungen auszugleichen, das durch die Erlebnisfülle bzw. Schnelllebigkeit der Zeit entstanden ist. Beim Schreiben dürfen wir Erfahrungen machen und unser Lebenswissen gewinnen, das uns orientiert und stabilisiert. In diesen Zusammenhang stellt sich das autobiographische als literarisches Schreiben. Die Nachfrage der modernen Wissensgesellschaft nach einem Schreiben, das gleichermaßen Wissen generiert, aber auch Sicherheiten für ein zukünftiges Leben schafft, kann durch das autobiographische Schreiben des 21. Jahrhunderts befriedigt werden.

5 Neue Tendenzen des autobiographischen Schreibens

Mit der poststrukturalistischen Autobiographietheorie hat sich der Fokus des autobiographischen Schreibens auf die „Prozesse der sprachlichen Erzeugung bzw. Konstruktion des autobiographischen Textes und Subjektes gelenkt" (Nünning 2007: 270). Die grundlegende Veränderung der Funktionen des autobiographischen Schreibens (ebd.: 269) präferieren auch andere Formen des Schreibens (Waldmann 2000: 56). Nachfolgend werden das Journalschreiben und das Schreiben in Gruppen als Möglichkeiten des autobiographischen Schreibens vorgestellt. Reizen diese Formen die neue Freiheit des autobiographischen Schreibens aus? Lassen sie Wurzeln und Flügel spüren?

5.1 Journalschreiben – autobiographisches Schreiben dicht am Leben

Da kommt noch was, das interessiert mich – das sind die auslösenden blitzartigen Gedanken, die mich verführen eine Notiz zu machen. Diese Notizen mache ich handschriftlich in einem kleinen, in braunes Leder eingebundenen Schreibblock, in meinem Journal. Es ist mein täglicher Begleiter. Diese Notizen sind wie Samen, aus denen vielleicht irgendwann weitergehende Ideen wachsen. Die einzelnen Seiten des Journals zeigen die Offenheit des Prozesses. Hingekritzelte gerichtete Aufmerksamkeiten. Gedankliche und schriftliche Fragmente, die anschlussfähig sind. Ich habe meine Gründe für diese Art zu schreiben. Ich liebe diesen Vorgang. Fast ohne meine Kontrolle läuft er ab und fängt etwas von meinem Selbst oder dem Ich, das ich gerade dabei bin zu entwerfen. Vielleicht ist es ja gerade dieses liebenswerte Phänomen des Schreibprozesses selbst, das man nicht direkt über ihn verfügen kann, das mich verführt. Möglicherweise ist es nur das Begehren des Einholens eines Moments, einer vergangenen Zeit, das zum Motiv des Schreibens wird. Wie auch immer. Diese Notizen im Journal, sie zeigen mein momentanes Interesse, zeigen mein Lebendigsein als Schreiber und vielleicht auch schon das, was die Leser irgendwann spannend finden.

Mit meinem Journalschreiben folge ich berühmten Wissenschaftlern wie Goethe und Einstein. Auch diese haben Journale geführt, um Fragen, Gedanken und Erfahrungen festzuhalten. In den letzten Jahren erlangt das Journalschreiben immer mehr Aufmerksamkeit (Berning 2008: 2). Es kann in den verschiedensten Formen, als Notizbuch, Tagebuch oder Arbeitsbuch geführt werden. Ob Textfragmente in Vergessenheit geraten oder ob sich aus ihnen ein Gedicht oder ein autobiographischer Roman entwickelt, ist offen. Egal in welcher Form und zu welchem Zweck ein Journal geführt wird, es bietet dem Schreibenden einen besonderen Raum. Ein Raum, in dem man alles kommen lassen kann, ohne zu bewerten, ohne zu vergleichen. Ein Raum, wo Fragmentarisches, Flüchtiges stehen bleiben kann. „Journale sind ein geschützter Ort, an dem Schreiber frei denken und frei mit Sprache spielen können" (ebd.: 11). Journale sind auch Räume mit Werkstattcharakter, in dem sich der Schreiber in verschiedensten Textsorten und Schreibstrategien ausprobieren kann. Hier ist ein Raum für Entwürfe. Es sind Entwürfe, „die das Moment der Annäherung an ihren Gegenstand betonen wollen, ohne dass dessen Erschließung von vornherein angestrebt sein kann oder will" (Mattenklott & Weltzien 2003: 254).

Beim autobiographischen Schreiben ist es die Annäherung an ein Selbstmodell, die die Freiheit hat, sich nicht erschließen zu müssen. Es sind Entwürfe, die, anstatt mit der Entwicklung komplexer Texte zu beginnen, dem Schreiber zunächst erlauben Provisorisches zu erfassen. Kleine Elemente werden festgehalten, archiviert, kombiniert. Im Journal wird gekritzelt, notiert, skizziert. Die informelle Struktur erlaubt es Zusammenhänge bzw. sich querende Spuren zu entdecken. Es ist möglich, diesen Spuren zu folgen und dabei geistige Wurzeln zu reflektieren. Es ist möglich, sich von diesen Spuren anregen zu lassen und gedanklich zu experimentieren. Das Journal wird zum Experimentierfeld. Hier kann etwas riskiert werden, um Erfahrungen zu machen. Es sind kalkulierbare Risiken, denn die Spur ist schon gelegt.

Berning spricht vom Journalschreiben als „Werkzeug", "Wahrnehmungs- und Denkhilfe" (2006: 286) und „permanentem Ideen- und Sprachenpool" (2001: 222), der neue Möglichkeiten des Zusammenspiels von Schreiben und Denken eröffnet. Für Wittgenstein wurde sein Journal, hier als Tagebuch geführt, mit seinen Notizen zum „philosophischen Steinbruch" (Mattenklott & Weltzien 2003: 49), in den er regelmäßig einfuhr. Das epistemische Schreiben, gekennzeichnet durch stetiges Suchen und Probieren, Verwerfen und Finden – hier im Journalschreiben ist es zu finden, wo Unfertiges sich sammelt, wächst und entfaltet. Journale machen das forschende Verfahren des Schreibens sichtbar und in seinen verschiedenen Ausprägungen als ganzheitlichen Prozess mit körperlicher, instrumenteller und sprachlicher Beteiligung erfahrbar.

Journalschreiben ist autobiographisches Schreiben mit Wissensgenerierung. Die wachsame Wahrnehmung kann in einem geschützten Raum als Entwurf stehenbleiben. Die Erlaubnis, fragmentarisch zu schreiben, öffnet den Denkprozess. Es ist eine Möglichkeit, Steine aus dem ‚Ego-Tunnel' zu brechen, um ihn zu weiten.

5.2 Schreibgruppe – autobiographisches Schreiben im Dialog

Schreibgruppe – das Wort mutet in einer Zeit von Hypertext und vernetztem Schreiben alt-jüngferlich an und da will es sich als Möglichkeit des neuen autobiographischen Schreibens vorstellen? Unabhängig von jeglichem Kontext, zum Beispiel von der Verwendung der Medien, wird der Begriff Schreibgruppe nachfolgend als Zusammenschluss von Personen verstanden, die sich einander auf dem Weg zu autobiographischen Schreibprodukten unterstützen. Welche Vorteile bietet eine Schreibgruppe, die mit dem autobiographischen Schreiben verbundenen Funktionen zu entwickeln?

Das besondere Potential von Schreibgruppen liegt im sozialen Faktor (Girgenson et al. 2009: 2 f.), der sich bei der gemeinsamen Arbeit einstellt. Dieser beeinflusst positiv den individuellen Arbeitsprozess. Der Arbeitsprozess erfährt durch die Schreibgruppe eine Strukturierung und verhindert zum Beispiel, dass erst im letzten Moment geschrieben wird und so die Phase des Überarbeitens zu kurz kommt. Das strukturierte Arbeiten am Text erhöht die Produktivität der Schreibenden und führt oft zu einer zunehmenden Qualität der Texte. Das Wesentliche in diesem Gruppenprozess des Schreibens ist aber das, was „auf diesem gemeinsamen Weg über das Schreiben, Lesen und über Rückmeldeverfahren gelernt" (ebd.) wird. Durch die Mehrfachkommentierung ist die Schreibgruppe ein Raum, in dem der Schreibende sich mit seinen Gedanken und Formulierungen erproben und austesten kann. Der innere Dialog des autobiographischen Schreibens wird ständig durch eine äußere Kommunikation begleitet. Die Feedbacks der Gruppenteilnehmer lassen das erschriebene Wissen zirkulieren. Immer wieder ergeben sich neue Perspektiven auf den Text und verweisen wiederum auf andere gedankliche Spuren. Es wird geschrieben und kommentiert und geschrieben und mit erhitzten Wangen Erfahrung gesammelt.

Sowohl das Journalschreiben als auch das autobiographische Schreiben in Gruppen bieten Voraussetzungen für ein autobiographisches Schreiben, das seine Wirkungen entfalten kann. In beiden „Werkstätten" wird der kreative Prozess des Schreibens durch eine Raumgebung unterstützt, die Schreibentwürfe ermöglicht. Das noch Unfertige, sich im Prozess befindliche Schreiben, wird vom Schreiber selbst oder von den anderen Gruppenmitgliedern reflektiert. Diese gemeinschaftliche Reflexion lässt das Schreibprodukt wachsen und generiert Neues – neues Lebenswissen.

Das autobiographische Schreiben und sein potenziell nie abschließbarer Vorgang des Dialogs mit sich und der Gesellschaft findet in der Form des Journalschreibens und des autobiographischen Schreibens in Gruppen seine Entsprechung. Diese Formen bieten Schreibräume für Wahrnehmungen, die sich aus dem Nachspüren von schon Vorhandenem ergeben. Sie werden festgehalten in Notizen und Schreibentwürfen, die immer wieder neu geschrieben und kommentiert unser Bewusstsein erweitern. Journalschreiben und autobiographisches Schreiben in Gruppen ist leidenschaftliches Wurzeln und Flügel spüren.

6 Fazit und Schlussbetrachtungen

Die Frage nach den Gründen des boomenden autobiographischen Schreibens lässt sich auf vielerlei Weise beantworten und macht diverse Einschränkungen erforderlich. In diesem Buch wurden Überlegungen zum Thema an die Gegenüberstellung von Angebot und Nachfrage gebunden. Diese thematische Ausrichtung führt zu einer konkreten Frage: Was hat das autobiographische Schreiben anzubieten, das vehement von der einzelnen Person und von der Gesellschaft nachgefragt wird?

Grundlage, um dieser Frage nachzugehen, ist eine Festlegung des in diesem Buch verwandten Begriffsverständnisses vom autobiographischen Schreiben. Aus der Vielzahl unterschiedlicher Definitionen wurden zwei ausgewählt. Eine Definition von Breuer und Sandberg, die vor allem auf ein weit gefasstes Formverständnis des autobiographischen Schreibens abstellt und auch Briefe, Tagebücher, Reiseberichte, Gedichte, Dramen und Romane einbezieht und mit Grenzüberschreitungen in Bezug auf fiktionale und realistische Schreibweisen rechnet. Ein Verständnis, das von identitätskonstituierenden Leistungen des Schreibens und Lesens ausgeht. Außerdem wird das autobiographische Schreiben in Anlehnung an Dürr als ein dialogisch strukturierter kommunikativer Akt verstanden. Ein Akt, der sich aus der Perspektive der Schreibgegenwart nach innen und in die Vergangenheit richtet, aber auch die Kommunikation nach außen, hin zu einem Leserkreis, führt.

Betrachtet man den in diesem Sinne verstandenen Begriff des autobiographischen Schreibens aus verschiedenen Blickwinkeln, lassen sich eine Form-, eine Prozess- und eine Wirkungsebene unterscheiden. Aus der separaten Betrachtung der Ebenen ergeben sich erste Erkenntnisse über die Wirkungen des autobiographischen Schreibens.

Auf der Formebene wird das autobiographische Schreiben vom literarischen Begriff der Gattung gerahmt. Mit dem Begriff Gattung gehen Erwartungshaltungen der Schreibenden und Leser einher. Diese Erwartungen sind im Kontext der gesellschaftlichen Verhältnisse zu betrachten. Die normierenden Merkmale der Gattung müssen im Text erkennbar sein, aber sie können sich in ihrer Ausfüllung dynamisch anpassen. Ein bewegliches Anpassen eröffnet auch die Möglichkeit, die normierenden Merkmale nicht zu erfüllen. Das bietet Entlastung. Das autobiographische Schreiben des 21. Jahrhunderts ist durch den Dekonstruktivismus von den Erwartungen ein Selbst zu finden oder zu erfinden entlastet worden. Der Schreibende darf beim erinnernden Schreiben Spuren folgen. Spuren, die sich aus vorgängigen Texten und Bedeutungen ergeben. Spuren, die aus der Vergangenheit in die Gegenwart führen und auf eine mögliche Zukunft weisen. Im Mittelpunkt des autobiographischen Schreibens steht das Beobachten und Kommentieren der Erinnerungstätigkeit. Autobiographisches Schreiben wird ein kommentierendes Schreiben. Es gibt dem Schreibenden die Möglichkeit, sich in Distanz zu setzen und sich einen Handlungsspielraum zu schaffen. Er schreibt sich einen Handlungsspielraum, in dem Lebensmöglichkeiten gedacht und ausprobiert werden können. Das ist die Erwartung bzw. Erlaubnis des autobiographischen Schreibens im 21. Jahrhundert aus der Sicht der Formebene.

Die Prozessebene zeigt den Schreibprozess und seine spezifische Ausprägung, das Ausgerichtetsein auf das eigene Leben und das damit verbundene Erinnern. Dem Schreibprozess liegt das Vermögen des Schreibens als variable Größe zugrunde. Eine Größe, die historisch und kulturell geprägt ist und der bestimmte, sich medialen Gegebenheiten anpassende, Funktionen immanent sind. Ein besonderer Schwerpunkt liegt in meiner Darstellung auf der epistemischen Funktion des Schreibens. Diese sich durch den medialen Wandel begünstigt entfaltende wissensgenerierende Funktion wird ergänzt durch die Effekte des Schreibvermögens: Kommunikations- und Gedächtnishandlung.

Die Gedächtnishandlung, die aus dem Schreibvermögen resultiert, prägt nicht nur das individuelle, sondern auch das kollektive Gedächtnis. Das kollektive Gedächtnis kann in die Bereiche kommunikatives und kulturelles Gedächtnis unterschieden werden. Das kulturelle Gedächtnis ist ein gleichermaßen dynamisches als auch labiles Verhältnis, das entscheidet, in welcher Art und Weise und mit welcher Absicht das für eine menschliche Gemeinschaft relevante Wissen auf die nachfolgenden Generationen übermittelt wird. Das autobiographische als literarisches Schreiben ist in dieses Verhältnis prägend eingebunden.

Das Besondere am autobiographischen Schreiben ist der stets damit einhergehende Prozess des Erinnerns. Konstitutiv für das Erinnern ist die Aufmerksamkeit. Aufmerksamkeit ist die geistige Hinwendung auf äußere oder innere Vorgänge und Objekte. Unser Gefühl vom „Selbstsein" ist an unser Aufmerksamkeitshandeln gebunden. Die Fragen, wer ich bin und wie ich leben will, können wir mit Aufmerksamkeit und einem Management für diese begrenzte Ressource beantworten. In der Prozessebene artikuliert sich das autobiographische Schreiben mit seiner epistemischen und aufmerksamkeitseinfordernden Funktion.

Auf der Wirkungsebene zeigen sich die Angebote des autobiographischen Schreibens aus der Form- und Prozessebene. Diese Angebote, das heißt ihre Wirkungsabsicht und ihr Wirkungspotenzial, sind lediglich Funktionshypothesen, die behauptet und gedeutet werden können. Es geht also um eine Wirkungsabsicht und ein Wirkungspotenzial, das nur hypothetisch sein kann. In diesem Sinne steht die Metapher „Wurzeln und Flügel spüren" mit ihrem hypothetischen Charakter. Das ist eine Herausforderung an unsere kritische Reflexion. Es fordert den Schreibenden und Leser dem humboldtianischen Gedanken zu dienen und vom Wissen des jeweils Anderen zu profitieren. Aus den unterschiedlichen Beobachtungperspektiven soll der gedankliche Raum für die sich entfaltenden Funktionen des autobiographischen Schreibens entstehen. Funktionen, die sich der schreibenden Person und der Gesellschaft anbieten.

Um das Angebot des autobiographischen Schreibens im Besonderen herauszustellen wird die Prozessebene noch einmal näher betrachtet. Im Detail zeigt sich das Schreiben als Vermögen. Ein Vermögen, das aus dem spezifischen Zusammenspiel von körperlich-gestischen, instrumentell-technischen und sprachlich-semantischen Beteiligungen Wirkungen entfaltet. Aus der Vielzahl von Wirkungen wird in meinen Ausführungen insbesondere auf die epistemische Funktion verwiesen. Das Schreiben kann eine wissensentwickelnde Funktion übernehmen. Neben der epistemischen Funktion des Schreibens ist dem autobiographischen Schreiben mit dem Prozess des Erinnerns eine besondere Funktion zuzuweisen. Erinnern erfordert Aufmerksamkeit. Aus dieser Aufmerksamkeit, die bewusst gehändelt wird, eröffnet sich ein Bewusstsein von unserem Selbst. Wissensgenerierung und Entwicklung eines Selbstbewusstseins – das sind die Angebote des autobiographischen Schreibens auf der Prozessebene.

Welche Nachfrage steht diesem Angebot gegenüber? Fragt der einzelne Mensch oder die Gesellschaft danach?

Der Mensch ist aufgrund seines Bewusstseins von Endlichkeit auf der Suche nach dem Sinn seines Lebens und sucht Antwort auf die Frage, wie denn zu leben sei. Diese Nachfrage nach Orientierung und Stabilität findet ihre Antwort in den Angeboten, die das autobiographische

Schreiben zu machen hat. Die distanzeröffnende Wirkung gibt dem Schreibenden die Möglichkeit sein Verhältnis zu sich und der Welt immer wieder neu entwerfen, er kann sich orientieren. Die im Schreibprozess auf mich und die Spuren von Vorangegangenem gerichtete Aufmerksamkeit stabilisiert mein Selbstmodell und erweitert mein Bewusstsein. Mit dem Schreiben manage ich meine beschränkte Ressource Aufmerksamkeit und sichere meine Autonomie. Ich kann mir treu bleiben und erfahre Selbstliebe.

Die Gesellschaft fragt nach ihrer Zukunft. Als Wissensgesellschaft hat sie ein Problem. Es ist die permanente Generierung von Wissen bei gleichzeitigem Wissensmanagement, bzw. der Verwaltung von Komplexität sowie den damit einhergehenden Unsicherheiten. Einen Problemlösungsansatz bietet das autobiographische Schreiben mit seinen Funktionen. Das Vermögen Schreiben an sich kann im medialen Wandel insbesondere seine epistemische Funktion begünstigt entfalten und Wissen generieren. Sicherheit und Orientierung auf ein zukünftiges Leben hin erlangen wir durch reflektierendes Wissen. Beim autobiographischen Schreiben folgen wir der Spur von Erfahrungen vorangegangener Generationen. Das immer wieder neu reflektierte Erfahrungswissen wird von uns weitergeschrieben, übersetzt und kommentiert. Es ist ein literarisches Schreiben, das einen Raum bietet, in dem Lebenswissen generiert wird.

Um die Nachfrage des Einzelnen und der Wissensgesellschaft nach einem derartigen Schreibvermögen zu befriedigen, braucht es Formen zur Modellierung eines derartigen Schreibvermögens. In diesem Buch wurden beispielhaft praxisnahe Formen des autobiographischen Schreibens, das Journalschreiben und das Arbeiten in Schreibgruppen, vorgestellt. Das Journalschreiben bietet Raum für Entwürfe. In dieser Form ist experimentieren erlaubt. Die informelle Struktur lädt ein Spuren zu entdecken, ihnen zu folgen und zu reflektieren. Das kreative Element des Journalschreibens ist wissensgenerierend. Beim autobiographischen Schreiben in Gruppen werden besonders die kreativen Komponenten des Schreibens unterstützt. Es ist das motivierende Miteinander und der ständige Dialog, der Erfahrungswissen entstehen lässt.

Wurzeln und Flügel spüren: Das ist das Angebot des autobiographischen Schreibens im 21. Jahrhundert. Das Spüren in der Metapher steht für eine gerichtete Aufmerksamkeit. Einerseits können wir im Schreibprozess unsere Aufmerksamkeit auf Vorgängiges richten. Das hilft uns zu orientieren und eine Antwort auf die Frage zu finden, wie denn zu leben sei. Es entlastet den schreibenden Menschen einer schon vorhandenen Spur zu folgen und sich in ihr einfügen zu können. Andererseits richten wir mit dem Schreiben unsere Aufmerksamkeit auf Lebensmöglichkeiten. Lebensmöglichkeiten, die wir im Schreibprozess wahrnehmen. Wir erweitern durch distanzierendes, kommentierendes Schreiben unseren Handlungsspielraum und öffnen unseren ‚Ego-Tunnel'.

Mit dem autobiographischen Schreiben können wir Lebenswissen generieren und eine neue Bewusstseinskultur entwickeln. Das ist das Angebot. Ein Angebot, das vom Einzelnen und der Gesellschaft nachgefragt wird, weil es existenzielle Bedürfnisse befriedigt. Autobiographisches Schreiben im 21. Jahrhundert ist Wurzeln und Flügel spüren.

Literaturverzeichnis

Arendt, H. (2005). Die Sonning-Preis-Rede. Kopenhagen 1975. In H. L. Arnold (Hrsg.) Text+Kritik Heft 166/167 S. 3-12. München: edition text+kritik.

Arnim, A. von & Brentano, C (1979): *Des Knaben Wunderhorn. Band 3* (179-180) Stuttgart: Kohlhammer.

Asholt, W. & Ette, O. (Hrsg.). (2010): *Literaturwissenschaft als Lebenswissenschaft: Programm-Projekte-Perspektiven.* Tübingen: Narr.

Assheuer, Th. (2012). *Worauf ist noch Verlass? Für John Locke und David Hume war Erfahrung alles. Bis Immanuel Kant an ihr zu zweifeln begann.* Aufgerufen am 08.07.2012 unter http://www.zeit.de/2012/19/PS-Erfahrung-Philosophie.

Assmann, A. (2004) Zur Mediengeschichte des kulturellen Gedächtnisse. In A. Erll & A. Nünning (Hrsg.), *Medien des kollektiven Gedächtnisses: Konstruktivität-Historizität-Kulturspezifität* (S.45-60). Berlin: Walter de Gruyter.

Assmann, J. (2005). Der Begriff des kulturellen Gedächtnisses. In Dreier & Euler (Hrsg.), *Kulturelles Gedächtnis im 21. Jahrhundert: Tagungsband des internationalen Symposiums 23. April 2005* (S. 21-29). Karlsruhe: Universitätsverlag Karlsruhe.

Ders., J. (2007). *Das kulturelle Gedächtnis: Schrift, Erinnerung und politische Identität in frühen Hochkulturen* (6. Aufl.). München: Beck.

Barthes, R. (2000). Der Tod des Autors. In F. Jannidis, G. Lauer & M. Winko (Hrsg.), *Texte zur Theorie der Autorschaft* (S. 181-193). Stuttgart: Reclam.

Bauer, R & Maier, J. (2003): Schwebendes Schreiben. Vom Schreiben an/in kontextualisierenden Medien wie niclas.com. In J. Fehr & W. Grond (Hrsg.), *Schreiben am Netz* S. 164-171.

Benjamin, Walter (1980). *Gesammelte Schriften.* In Ders., Tiedemann, R. & Schweppenhäuser, H. (Hrsg.), Band I und II, Frankfurt a.M.: Suhrkamp.

Benjamin, Walter (2010). *Werke und Nachlaß, Bd. 19.* In Raulet, G. (Hrsg.), Frankfurt a.M.: Suhrkamp.

Berek, M. (2009). *Kollektives Gedächtnis und die gesellschaftliche Konstruktion der Wirklichkeit: Eine Theorie der Erinnerungskulturen.* Wiesbaden: Harrassowitz.

Berning, D (2002) *Schreiben als Wahrnehmungs- und Denkhilfe: Elemente einer holistischen Schreibpädagogik.* Münster: Waxmann.

Bickes, H & Busse, D. (1987). *Kommunikatives Handeln und die Rekonstruktion von Handlungsmustern.* Aufgerufen am 08.08.2012 unter http://www.phil-fak.uni-duesseldorf.de/fileadmin/Redaktion/Institute/Germanistik/AbteilungI/Busse/Texte/Busse-1987-03.pdf.

Bittner, G. (Hrsg.) (2006). *Ich bin mein Erinnern: Über autobiographisches und kollektives Gedächtnis.* Würzburg: Königshausen & Neumann.

BMBF (2008). Aufstieg durch Bildung: Die Qualifizierungsinitiative für Deutschland. Aufgerufen am 19.08.2012 unter http://www.bmbf.de/pub/beschluss[-]_bildungsgipfel_dresden.pdf.

Bollnow, O. (1963). Mensch und Raum. Stuttgart: Kohlhammer.

Bossinade, J. (2000). *Poststrukturalistische Literaturtheorie.* Stuttgart: Metzler.

Breuer, U. & Sandberg, B. (Hrsg.) (2006). *Autobiographisches Schreiben in der deutschsprachigen Gegenwartsliteratur. Bd. 1. Grenzen der Identität und der Fiktionalität.* München: Iudicium.

Campe, R. (2005) Schreiben im Process: Kafkas ausgesetzte Schreibszene. In D. Giuriaton, M. Stingelin & S. Zanetti (Hrsg.), *Schreibkugel ist ein Ding gleich mir: von Eisen: Schreibszenen im Zeitalter der Typoskripte* (S. 115−132), München: Fink.

Club of Rome (o. A.). Aufgerufen am 11.08.2012 unter http://www.clubofrome.de

Coulmas, F. (1989) *The Writing System of the World.* Oxford: Blackwell.

Debatin, B. (1996). *Die Rationalität der Metapher: eine sprachphilosophische und kommunikationstheoretische Untersuchung.* Berlin: Walter de Gruyter.

Derrida, J. (1974). *Grammatologie.* Frankfurt a.M.: Suhrkamp.

Ders., J. (1979). Das Gesetz der Gattung. In P. Engelmann (Hrsg.), *Gestade* (S 245-283). Wien: Passagen.

Ders., J. (2005). Semiologie und Grammatologie. Gespräch mit Julia Kristeva, In St. Kammer & R. Lüdeke (Hrsg.), *Texte zur Theorie des Textes* (S. 55-70). Stuttgart: Reclam.

Deutsches Wörterbuch von Jacob und Wilhelm Grimm. 16 Bde. in 32 Teilbänden. Leipzig 1854-1961. Bd. 14, Sp. 275 bis 284. Aufgerufen am 12.08.2012 unter http://woerterbuchnetz.de/DWB/?sigle=DWB&mode=Vernetzung&lemid=GR01528.

Drewermann, E. (2007) *Glauben in Freiheit, Band 2, Atem des Lebens: Die moderne Neurologie und die Frage nach Gott.* Düsseldorf: Patmos.

Dürr, R. (2007). Funktionen des Schreibens: Autobiographien und Selbstzeugnisse als Zeugnisse der Kommunikation und Selbstvergewisserung. In I. Dingel & W. Schäufele (Hrsg.), *Kommunikation und Transfer im Christentum der Frühen Neuzeit* (S. 17-31), Mainz: Philipp von Zabern.

Ebeling, G. (1983). *Schrift und Erfahrung als Quelle theologischer Aussagen.* In Zeitschrift für Theologie und Kirche 75 (1978) S. 99-116.

Eckermann, J. P. (1981). *Gespräche mit Goethe in den letzten Jahren seines Lebens.* Aufgerufen am 12.08.2012 unter http://gutenberg.spiegel.de/buch/1912/126.

Erll, A., Gymnich, M. & Nünning, A. (Hrsg.) (2003). *Literatur – Erinnerung – Identität. Theoriekonzeptionen und Fallstudien.* Trier: WVT.

Erll, A. & Nünning, A. (Hrsg.) (2005). *Gedächtniskonzepte der Literaturwissenschaft: theoretische Grundlegung und Anwendungsperspektiven.* Berlin: Walter de Gruyter.

Ette, O. (2004). *ÜberLebenswissen. Die Aufgabe der Philologie.* Berlin: Kulturverlag Kadmos.

Fahrenwald, Claudia (2005). Erzählen zwischen individueller Erfahrung und sozialer (Re-) Präsentation. In Reinmann, G. (Hrsg.) (2005): *Erfahrungswissen erzählbar machen. Narrative Ansätze für Wirtschaft und Schule* S. 36-51. Lengerich: Pabst.

Finck, A. (1999). *Autobiographisches Schreiben nach dem Ende der Autobiographie.* Berlin: Schmidt.

Gabler Wirschaftslexikon. Aufgerufen am 30.08.2012 unter http://wirtschaftslexikon.gabler.de/Archiv/55798/nachfrage-v3.html.

Giesecke, M. (1995). Freut Euch über die Ambivalenz der Buchkultur! Ein aufmunterndendes Gruſlwort an die Typographen in der Zwischenzeit der Neuen Medien Forum Typographie. In H. Schmidt (Hrsg.), *Bericht des 10. Bundestreffens des Forum Typographie Köln 1993* (S. 88-112). Mainz.

Girgensohn, K., Lange, I., Lange, U., Neumann, F. & Zegenhagen, J. (2010). Gemeinsam schreiben: Das Konzept einer kollegialen Online-Schreibgruppe mit Peer-Feedback.www.zeitschrift-schreiben.eu. Aufgerufen am 30.08.2012 unter http://www.zeitschrift-schreiben.eu/Beitraege/girgensohn_Online-Schreibgruppe.pdf.

Goldmann, S. (1994) Topos und Erinnerung: Rahmen bedingungen der Autobiographie. In H.-J. Schings (Hrsg) *Der ganze Mensch: Anthropologie und Literatur im 18. Jahrhundert;* DFG-Symposium 1992 (S. 660-675). Stuttgart: Metzler.

Haas, A. M. (1971). *NIM DIN SELBES WAR . Studien zur Lehre von der Selbsterkenntnis bei Meister Eckhart, Johannes Tauler und Heinrich Seues.* Freiburg: Universitätsverlag.

Ders. (1979). *Sermo mysticus. Studien zu Theologie und Sprache der deutschen Mystik.* Freiburg: Universitätsverlag.

Hagendorf, H., Krummenacher, J., Müller, H.-J. & Schubert, T. (2011). *Wahrnehmung und Aufmerksamkeit.* Berlin: Springer.

Halbwachs, M. (1925). *Das Gedächtnis und seine sozialen Bedingungen*, In Maus & Fürstenberg (Hrsg.), Aus: Conceptus XXIII, 1989, No. 60, S. 81-97.

Hartmann, F. (2002). *Wissensgesellschaft und Medien des Wissens.* SWS-Rundschau (42.Jg.) Heft 3/2002. S. 1-22.

Hartmann, W. (2004): Geschichte der Schriftmedien In I. Blatt & W. Hartmann (Hrsg.), *Schreibprozesse im medialen Wandel.* Baltmannsweiler: Schneider Hohengehren.

Hassoun, J. (2003). *Schmuggelpfade der Erinnerung.* Frankfurt a.M.: Stroemfeld.

Heidenreich, M. (2000). Die Organisationen der Wissensgesellschaft. In Ch. Hubig (Hrsg.), *Unterwegs zur Wissensgesellschaft: Grundlagen – Trends – Probleme* (S. 107-118). Berlin: Sigma.

Heinze, C. & Schlegelmilch, A. (2010). Autobiographie und Zeitgeschichte. *BIOS – Zeitschrift für Biographieforschung, Oral History und Lebensverlaufsanalysen, 23*, 167-169.

Ihring, S. (2012). *Das Leben begreift man nur rückwärts.* Aufgerufen am 03.09.2012 unter http://www.welt.de/108922325.

Joachimsthaler, J. (2009). Die memoriale Differenz. Erinnertes und sich erinnerndes Ich. In J. Klinger & G. Wolf (Hrsg.), *Gedächtnis und kultureller Wandel. Erinnerndes Schreiben - Perspektiven und Kontroversen* (S. 33-52) Tübingen: Niemeyer.

Kant, I. (o. A.) Aufgerufen am 12.08.2012 unter http://www.zeno.org/Philo[-]sophie/M/Kant,+Immanuel/Was+heißt+sich+im+Denken+orientieren.

Kessler, St. (2005). *Litauische Idyllen - Vergleichende gattungstheoretische Untersuchung zu Texten aus Polen und Litauen 1747-1825.* Wiesbaden: Harrasowitz.

Klein, Ch. (Hrsg.). (2009). *Handbuch Biographie: Methoden, Traditionen, Theorie.* Stuttgart: Metzler.

Köbler, G. (1995). *Deutsches Etymologisches Wörterbuch.* Tübingen: Utb.

Köppe, T. & Winko, S. (2008). Neuere Literaturtheorien. Stuttgart: Metzler.

Krämer, T. (2011). *Wie Erlebnisse zu Erfahrungen werden – das Gedächtnis.* Aufgerufen am 30.07.2012 unter http://dasgehirn.info/denken/gedaechtnis/wie-erlebnisse-zu-erfahrungen-werden-2013-das-gedaechtnis/.

Krämer, S. (2007). Was also ist eine Spur? Und worin besteht ihre epistemologische Rolle? Eine Bestandsaufnahme. In Dies., W. Kogge & G. Grube (Hrsg.), *Spurenlesen als Orientierungstechnik und Wissenskunst* (S. 11-33). Frankfurt a.M.: Suhrkamp.

Lachmann, R. (1990). *Gedächtnis und Literatur: Intertextualität in der russischen Moderne.* Frankfurt a.M.: Suhrkamp.

Lehmann, J. (1988). Bekennen – Erzählen – Berichten: Studien zu Theorie und Geschichte der Autobiographie.Tübingen: Niemeyer.

Lejeune, Ph. (1994). *Der autobiographische Pakt*. Aus dem Französischen von Wolfram Bayer und Dieter Hornig. Frankfurt a.m.: Suhrkamp.

Luhmann, N. (1994). *Soziale Systeme: Grundriss einer allgemeinen Theorie* (5. Auflage). Frankfurt a.m.: Suhrkamp.

Luther, H. (1991) *Leben als Fragment. Der Mythos von der Ganzheit*, Wege zum Menschen - Zeitschrift für Seelsorge und Beratung 43, S. 262-273.

Machtans, K. (2009). *Zwischen Wissenschaft und autobiographischem Projekt: Saul Friedländer und Ruth Klüger*. Tübingen: Niemeyer.

Markowitsch, H. J. & Welzer, H. (2005). *Das autobiographische Gedächtnis: Hirnorganische Grundlagen und biosoziale Entwicklung*. Stuttgart: Klett-Cotta.

Markowitsch, H. J. (2009). Dem Gedächtnis auf der Spur: Die Neuropsychologie des autobiographischen Gedächtnisses. In J. Schröder & F. G. Brecht (Hrsg.), *Das autobiographische Gedächtnis. Grundlagen und Klinik* (S. 9-25). Heidelberg: Akademische Verlagsgesellschaft Aka.

Mattenklott, G. & Weltzien, F. (Hrsg.) (2003). *Entwerfen und Entwurf*. Berlin: Reimer.

Matussek, P. (2001). Aufmerksamkeit. In N. Pethes & J. Ruchatz (Hrsg.), *Gedächtnis und Erinnerung* (S. 59-60). Hamburg: Reinbeck.

Meister Eckhart (1971). Die rede der underscheidunge J. Quint (Hrsg.) In *Die deutschen Werke V*, S. 137-376. Stuttgart: Kohlhammer.

Metzinger, T. (2012). *Der Egotunnel: Eine neue Philosophie des Selbst: Von der Hinrforschung zur Bewusstseinsethik*. Berlin: Bloomsbury.

Metzinger, T. (2012a). *Das Selbst ist nur ein Modell*. Aufgerufen am 16.08.2012 unter http://www.zeit.de/campus/2012/02/sprechstunde-thomas-metzinger.

Misch, G. (1907). *Geschichte der Autobiographie: Das Altertum Band I.*. Frankfurt a.M.: Klostermann.

Ders. (1907/1949). Begriff und Ursprung der Autobiographie. In Niggl, G. (Hrsg.), *Die Autobiographie. Zu Form und Geschichte einer literarischen Gattung, 2. Auflage* (S. 33-54). Darmstadt: wissenschaftliche Buchgesellschaft.

Molitor, S. (1984): *Kognitive Prozesse beim Schreiben*. Tübingen: Deutsches Institut für Fernstudien an der Universität.

Müller, K.-D. (1976). *Autobiographie und Roman: Studien zur literarischen Autobiographie der Goethezeit*. Tübingen: Niemeyer.

Neumann, B. (1970). *Identität und Rollenzwang. Zur Theorie der Autobiographie.* Frankfurt a.M.: Athenäum.

Niggl, G. (1998). *Die Autobiographie. Zu Form und Geschichte einer literarischen Gattung* 2. Auflage. Darmstadt: Wissenschaftliche Buchgesellschaft.

Nünning, V. & Nünning, A. (Hrsg.). (2010). *Methoden der literatur- und kulturwissenschaftlichen Textanalyse: Ansätze - Grundlagen - Modellanalysen.* Stuttgart: Metzler.

OECD (2005) Definition und Auswahl von Schlüsselkompetenzen Aufgerufen am 16.08.2012 unter http://www.oecd.org/pisa/35693281.pdf.

Ogiermann, H. (1962). *Die Problematik der religiösen Erfahrung.* In Scholastik 37 S. 481-513.

Orozko, P. V. (2010). Lebensform und Narrative Form: Zur Epistemologie des Vollzugs und zum Lebensbegriff der Literaturwissenschaften. In W. Asholt & O. Ette (Hrsg.), *Literaturwissenschaft als Lebenswissenschaft. Programm – Projekte – Perspektiven* (S. 113-126). Tübingen: Narr.

Pascal, R. (1959). Die Autobiographie als Kunstform. In Niggl, G. (Hrsg.), *Die Autobiographie. Zu Form und Geschichte einer literarischen Gattung, 2. Auflage* (S. 148-157). Darmstadt: wissenschaftliche Buchgesellschaft.

Parry, Ch. & Platen, E. (2007) (Hrsg.). *Autobiographisches Schreiben in der deutschsprachigen Gegenwartsliteratur. Bd. 2. Grenzen der Fiktionalität und der Erinnerung.* München: Iudicium.

Polkinghorne, D. (1998) Narrative Psychologie und Geschichtsbewusstsein. In J. Straub (Hrsg.), *Erzählung, Identität und historisches Bewusstsein* (S. 12-45). Frankfurt a.M.: Suhrkamp.

Potthast, U. (1992) Erfordernis und Grenzen des Erfindens. Über den Umgang der Person mit dem Vergangenen. In Forum für Philosophie Bad Homburg (Hrsg.): *Zeiterfahrung und Personalität* (S. 158-180). Frankfurt a.M.: Suhrkamp.

Reinecke, Ch. (2010) *Wissensgesellschaft und Informationsgesellschaft, Version: 1.0.* In Docupedia-Zeitgeschichte, 11.02.2010, Aufgerufen am 29.08.2012 unter https://docupedia.de/zg/Wissensgesellschaft?oldid=75542.

Raid, T. (2010). *Bildungsreformen nach PISA Paradigmenwechsel und Wertewandel.* Aufgerufen am 20.08.2012 unter http://www.pedocs.de/voll[-]texte/2012/5372/pdf/Raidt_PISA_2010_D_A.pdf.

Rieder, B. (2008). *Unter Beweis: Das Leben.* Göttingen: V&R unipress.

Roggenbuck, S. (2005). *Die Wiederkehr der Bilder: Arboreszenz und Raster in der interdisziplinären Geschichte der Sprachwissenschaft.* Tübingen: Narr.

Schabacher, G. (2007). *Topik der Referenz: Theorie der Autobiographie, die Funktion "Gattung" und Roland Barthes' Über mich selbst / Gabriele Schabacher.* Würzburg: Königshausen & Neumann.

Schenk, H. (2009). *Die Heilkraft des Schreibens: wie man vom eigenen Leben erzählt.* München: Beck.

Scheuer, H. (1979). *Biographie. Studien zur Funktion und zum Wandel einer literarischen Gattung vom 18. Jahrhundert bis zur Gegenwart.* Stuttgart: Metzler.

Schmücker, R. (2001). Funktionen von Kunst. In B. Kleimann & R. Schmücker (Hrsg.), *Wozu Kunst? Die Frage nach ihrer Funktion.* Darmstadt: Wissenschaftliche Buchgesellschaft.

Schneider, M. (1986) *Die erkaltete Herzensschrift: Der autobiographische Text im 20. Jahrhundert.* München: Hanser.

Schreyögg, G. & Geiger, D. (2001). *Kann implizites Wissen Wissen sein?: Vorschläge zur Neuorientierung von Wissensmanagement.* Aufgerufen am 08.08.2012 unter (http://www.wiwiss.fu-berlin.de/institute/management/schreyoegg/publikationen/pdf/implizites_wissen.PDF.

Schwidder, S. (2008). *Ich schreibe, also bin ich: Schritt für Schritt zur eigenen Biographie.* Fuchstal: Biographie-Zentrum.

Splett, J. (2005). *Gotteserfahrung im Denken; Zur philosophischen Rechtfertigung des Redens von Gott* (5. Auflage). München: Alber.

Sprinker, M. (1980). Fictions of The Self. The End of Autobiography. In J. Olney (Hrsg.), *Autobiography. Essays Theoretical and Critical* (S. 321-342). Princeton.

Stegmaier, W. (2007) Anhaltspunkte. Spuren zur Orientierung. In S. Krämer, W. Kogge & G. Grube (Hrsg.), *Spur: Spurenlesen als Orientierungstechnik und Wissenschaft* (S. 82-94). Frankfurt a.M.: Suhrkamp.

Stehr, N. (2000). *Die Zerbrechlichkeit moderner Gesellschaften.* Frankfurt a.M.: Velbrück.

Stehr, N. (2001): *Moderne Wissensgesellschaften.* In Aus Politik und Zeitgeschichte. Beilage zur Wochenzeitung Das Parlament B 36, S. 7-14.

Thomä, D. (2007). *Erzähle dich selbst. Lebensgeschichte als philosophisches Problem.* Frankfurt a.M.: Suhrkamp.

Tugendhat, E. (2010). *Anthropologie statt Metaphysik.* München: Beck.

Wagner-Egelhaaf, M. (2005). *Autobiographie* (2. Auflage). Stuttgart: Metzler.

Waldmann, G. (2000), *Autobiografisches als literarisches Schreiben: kritische Theorie, moderne Erzählformen und –modelle, literarische Möglichkeiten eigenen autobiografischen Schreibens.* Baltmannsweiler: Schneider Verlag Hohengehren.

Weigel, S. (1994). *Bilder des kulturellen Gedächtnisses: Beiträge zur Gegenwartsliteratur.* Dülmen-Hiddingsel: Tende.

Dies. (2002). Korrespondenzen und Konstellationen. Zum postalischen Prinzip biographischer Darstellungen. In Ch. Klein (Hrsg.), *Grundlagen der Biographik* (S. 41-54). Stuttgart: Metzler.

Dies. (2006). Genea-Logik: *Generation, Tradition und Evolution zwischen Kultur – und Naturwissenschaften.* München: Fink.

Dies. (2010). ÜberLebensQualität: Kulturwissenschaft und Nachhaltigkeit. In Deutscher Hochschulverband (Hrsg.), *Glanzlichter der Wissenschaft. Ein Almanach* S. 153-160. Stuttgart: Lucius & Lucius.

Weiß, M. (2002). *Stichwort Bildungsökonomie.* In Zeitschrift für Erziehungs-wissenschaft 5 (2002), S. 183-200.

Werder, L. von (2009). *Erinnern, wiederholen, durcharbeiten: die eigene Lebensgeschichte kreativ schreiben* (2. Auflage). Berlin:Schibri.

Wetzel, M. (2010). *Derrida.* Stuttgart: Reclam.

Willke, H. 1998. *Systemisches Wissensmanagement.* Stuttgart: UTB/Lucius & Lucius.

Winkler, H. (2002). *Docuverse. Zur Medientheorie der Computer.* München; Boer.

Wurzler, M. & Stenger, Ph. (o. A.). *Grundlagen: Aufmerksamkeit - Ausführlich: Theorien der Aufmerksamkeit.* Aufgerufen am 06.08.2012 unter http://www.flow-usability.de/theorien_aufmerksamkeit2.htm.

Voßkamp, W. (1977). Gattungen als literarisch-soziale Institutionen. In W. Hink (Hrsg.), *Textsortenlehre – Gattungsgeschichte* (S. 27-42). Heidelberg.Voßkamp, W. (1992). Gattungen. In H. Brackert & J. Stückrath (Hrsg.), *Literatur-wissenschaft: Ein Grundkurs* (S. 253-269). Reinbek b. Hamburg.

Ders. (1992). Gattungen. In H. Brackert & J. Stückrath (Hrsg.), *Literaturwissenschaft: Ein Grundkurs* (S. 253-269). Reinbek b. Hamburg.

Zanetti, S. (2009). Logiken und Praktiken der Schreibkultur: Zum analytischen Potential der Literatur. In U. Wirth (Hrsg.), *Logiken und Praktiken der Kulturforschung* (S. 75-88). Berlin: Kadmos.